DIFA

gan

DEWI WYN WILLIAMS

Adeiladau'r Fagwyr, Llanfihangel Genau'r Glyn, Aberystwyth, Ceredigion SY24 5AQ
Dyluniwyd gan Ceri Jones
Argraffwyd gan Wasg y Lolfa, Tal-y-bont

ISBN 978-1910574362

Os am ganiatâd i berfformio'r ddrama hon, cysyllter â'r cwmni Theatr Bara Caws, Uned 1A, Cibyn, Caernarfon, Gwynedd LL55 2BD
Ffôn 01286 676335 / e-bost: linda@theatrbaracaws.com

Cymeriadau

Oswald Pritchard - 53 oed, cyfieithydd
Mona Pritchard - 53 oed, ei wraig, llyfrgellydd
Peter Elis - 50au cynnar, cyfieithydd, ffrind a chyflogwr Oswald
Doctor King - 30au cynnar, seiciatrydd

Setiau

Dylai'r set fod yn hyblyg, ysgerbydol, minimalistig wrth i'r digwydd, a'r meddwl, lifo o un olygfa i'r llall. Mae'n bum set mewn gwirionedd sef ystafell fyw, ystafell wely, swyddfa, ystafell y seiciatrydd, a sedd garu a mainc mewn parc/ysbyty meddwl. Gellir taflunio ffilm ar y gefnlen trwy ffrâm ffenestr fawr sy'n crogi uwchlaw'r llwyfan.

Yr ystafell fyw - bwrdd, dwy gadair, gliniadur, oergell Americanaidd, teledu.

Yr ystafell wely - gwely dwbl gydag un sedd a polyn hongian dillad. Dylai'r set fod ychydig yn uwch na'r ystafell fyw.

Y swyddfa - desg, dwy gadair, cyfrifiadur, polyn hongian côt. Mae ffenestr fechan. Lleolir y swyddfa ar un ochr o'r llwyfan.

Ystafell y seiciatrydd - bwrdd, cadair ledr ddu, cadair gyffredin, cyfrifiadur, gliniadur, ac un wal gyda lluniau adar arni. Mae ffenestr fechan. Lleolir yr ystafell yr ochr groes i'r swyddfa.

Sedd garu/mainc - mewn man blaenllaw ar y llwyfan.

Gair gan yr Awdur

Hoffwn ddiolch yn gyntaf i holl dîm rheoli Cwmni Theatr Bara Caws am fod mor gefnogol i'r ddrama a rhoi bywyd iddi. Ar lwyfan, nid mewn drôr, mae cartref sgript.

Mae fy nyled yn fawr hefyd i Betsan am ei chefnogaeth a'i pharch at y gair; i Rhodri am dderbyn yr her ac am fod yr injan; i Bethan, Llion a Catrin am eu cyfraniad amhrisiadwy; i Nico am gyfarwyddo'r pytiau ffilm; i Ieu 'Piano' am ei gymorth wrth awgrymu a dewis darnau o gerddoriaeth glasurol; i Huw Dylan Jones am ysgrifennu'r englyn; ac i Wasg Atebol am eu cefnogaeth a'u gofal ynglŷn â chyhoeddi'r gyfrol hon.

Yn olaf, diolch i un o'm hoff ddramodwyr, Aled Jones Williams, am ysgrifennu'r Rhagymadrodd.

DEWI WYN WILLIAMS
Hydref 2015

Y Rhagymadrodd

Yn ei theitl, 'Difa', y mae'r 'allwedd' i'r ddrama hon. Teitl sy'n llawn amwyster. Ar un llaw, y mae'n cyfeirio at y prif gymeriad, Oswald Pritchard, sydd o flaen ein llygaid ar y llwyfan yn cael ei ddifa gan y salwch meddwl sydd wedi ei feddiannu. Ond y mae hefyd yn cyfeirio at y Divas sydd yn canu'r caneuon operatig sy'n britho'r gwaith. Mewn geiriau eraill, cyfosod a wna'r teitl ddinistr salwch efo prydferthwch celfyddyd. Dyma'r paradocs sydd yn ddwfn yng ngwead y ddrama hon: sef, fod anhwylder blin yn medru canfod llais mynegiant mewn celfyddyd. Bod celfyddyd - a feiddia i ddefnyddio'r gair? - yn 'achubol'. Bod medru gweld ein hanhwylderau, ein teimladau difäol, amwysterau moesol ein bywydau ar lwyfan, mewn nofel, mewn llun yn rhoi i ni ryddhad mewnol. Yn medru ein gwella? A'n dwyn yn nes at baradocs enfawr arall: yn ein salwch y llecha hefyd ein hiachâd. Fod 'diva' yn y 'difa'.

Rwyf wedi sôn am amwyster. Be' ydan ni'n ei weld fyth? Yr hyn sydd yna go-iawn? A be' ydy 'go-iawn', beth bynnag? Neu yr hyn a ddymunwn ni ei weld? Neu beidio ei weld? Ai drama 'deuluol' arall yw hon? Ynteu stori sy'n cael ei hadrodd o safbwynt Oswald Pritchard yn unig? A'n bod ni'n gorfod ceisio gweld drwy'r hyn y mae o'n ei ddweud wrthym ei fod yn ei weld. Nid ar chwarae bach y mae ei enw wedi ei dalfyrru i 'Os'. Os yw pob dim yn y ddrama hon. Ac mai dyna yw craidd salwch meddwl: y bersonoliaeth yn dadfeilio. Ac os yw'r bersonoliaeth yn dadfeilio, mae'r byd o'i chwmpas hefyd yn chwalu. Ffenestri yw un o brif ddelweddau'r ddrama. A'u hamwyster: edrych am allan, ta edrych i mewn a wnawn? Ffenestri sydd yna, ynteu mwy o waliau? Be'n union ydan ni'n ei weld heno yn y ddrama hon, a be' welwn ni yfory yn ein bywydau ein hunain?

Pwy yw 'Mona' yn y ddrama? Gwraig Os, meddai Os. Ond gan mai awdur o Sir Fôn a'i hysgrifennodd, onid oes mwy iddi na hynny? Môn, Mam Cymru. Y Modron yn ein llenyddiaeth. Ymhle yn ein bywydau y mae'r cytgord i'w gael rhwng y benywaidd a'r gwrywaidd ynom? A yw'r ddrama'n holi hynny tybed? Ac mai mewn cytgord o'r fath y mae gwir iachâd. Hanfod salwch yw discord. Nid damwain yw bod Os yn camgymryd enw gwraig Peter gan dybio mai 'Melody' ydoedd yn hytrach na 'Melanie' oherwydd, 'Gwbod bo fe'n odli 'da 'harmoni'.' Lle mae harmoni i'w gael? Prif gwestiwn y ddrama, efallai? A bod yr ateb i'w ganfod drwy adfer cytgordiau mewnol.

Delwedd arall yn y ddrama, yw'r un am adar drycin Manaw sy'n gadael eu nythod ar y tir mawr ac yn mynd allan i'r môr i gyfeiriad Brasil am gyfnod hir iawn cyn dychwelyd. Mae awdur y ddrama hon wedi bod yn rhy hir allan yn 'Brasil'. Croeso mawr yn ôl, Dewi!

Aled Jones Williams.

Heno daw eto'i hunan - i siglo
A siglo yn fudan,
Ofer yw ceisio'i herian,
Y mae hwn yma 'mhob man.
- Huw Dylan Jones

'I became insane, with long intervals of horrible sanity.'
- Edgar Allan Poe

Cyflwyno'r Gyfrol

A Leyda
por su amor, su amistad y su apoyo.

I Leyda
am ei chariad, ei chyfeillgarwch a'i chefnogaeth.

Dyfyniadau o'r Ddrama

'Nid gelyn yw salwch meddwl ond ffrind agos.'
'Roedd dieithryn yn fy mhen, yn eistedd yn fud mewn cadair siglo ac weithiau mi fyddai'n agor y drws ac yn cerdded lawr y grisiau i f' ystafell fyw i.'

Gair am yr Awdur

Ganed Dewi ym Mhenysarn, Sir Fôn, yn fab i'r actor Glyn 'Pensarn' a'i wraig Kitty. Cafodd ei addysg gynnar yn Ysgol Gynradd Penysarn ac wedyn yn Ysgol Uwchradd Syr Thomas Jones, Amlwch, ble'r oedd yn brif ddisgybl. Mynychodd Goleg y Brifysgol Bangor a graddio gydag Anrhydedd mewn Cymraeg a Drama. Ymunodd â'r BBC yn 1980 fel is-reolwr llawr cyn ei ddyrchafu'n fuan i'r Adran Sgriptiau dan arweiniad Gwenlyn Parry - yn un o'r '*mwyar duon*' chwedl Gwenlyn, '*Pob un yn handpicked*!' Bu'n gweithio'n bennaf ar '*Bobol y Cwm*' fel awdur ac fel un o'r tîm golygyddol a ddatblygodd y gyfres o 32 i 250 o benodau'r flwyddyn. Yn 1996, gadawodd y BBC fel Pennaeth yr Adran Sgriptiau ac ymuno ag S4C fel Ymgynghorydd Sgriptiau, a bu yno am dros bymtheg mlynedd cyn gadael i fod yn awdur llawn amser. Mae o hefyd yn aelod cyson o sawl rheithgor Drama rhyngwladol gan gynnwys yr Emmys yn Efrog Newydd.

Yn ogystal ag ysgrifennu i nifer o gyfresi teledu a radio, mae ei waith yn cynnwys '***Marathon***', y ddrama deledu sengl gyntaf ar S4C; y dramâu llwyfan '***Yr Etifedd***', '***Rhyw Ddyn A Rhyw Ddynes***', '***Leni***', '***La Primera Cena***' a '***Fi, Chi A'r Ci***' (addasiad o '***The Curious Incident Of The Dog In The Night-Time***') a'r ffilm '***Lois***'.

Perfformiwyd y ddrama hon gyntaf yn Neuadd Ogwen, Bethesda ar Dachwedd 10fed, 2015 a'r rhai a ganlyn yn cymryd rhan:

Oswald Pritchard:	Rhodri Evan
Mona Pritchard:	Bethan Dwyfor
Peter Elis:	Llion Williams
Doctor King:	Catrin Mara
'Alan':	Neil Williams
Cyfarwyddwr:	Betsan Llwyd
Cynllunydd Set:	Emyr Morris-Jones
Cynllunydd Sain:	Berwyn Morris-Jones
Cynllunydd Goleuo:	Elanor Higgins
Cynllunydd Gwisgoedd:	Lois Prys
Rheolwr Llwyfan:	Lisa Briddon
Goleuo ar Daith:	Daniel H Taylor
Gwneuthurwr Ffilm:	Nico Dafydd
Cyfarwyddwr Cwffio:	RC-Annie Cyf
Gweinyddu:	Linda Brown/ Mari Emlyn

ACT 1

Mae'r ddrama'n digwydd ym mhen Oswald. Drama am feddwl ar waith. O ganlyniad nid oes, o anghenraid, ddilyniant rhesymegol i'r digwydd na'r dweud.

Nid yw'r actorion yn gadael y llwyfan yn ystod y ddrama. Gyda chadair ar bob set, golyga'r cyfarwyddyd 'gadael/mynd' eu bod yn eistedd i lawr.

Llwyfan tywyll. Codi'r golau'n sydyn ar Os yn eistedd yn ei wely. Mae'n syllu ymlaen fel petai'n syllu i wacter.

Os: '*Mae pobol yn marw'n 'u gwelyau!*' Bob bore Sadwrn a Sul trw' f'arddege', dyna'r waedd o waelod y grisie'. '*Ma pobol yn marw'n 'u gwelyau.*' (*Saib*) A *ma'* nhw. Ni'n fwy tebygol o farw mewn gwely na nunlle arall. Nid mewn car, nid mewn bath, nid mewn ffos - ond mewn gwely. Wyth awr y dydd bob dydd, felly os byw i fod yn drigen oed, ma' rhywun yn treulio ugen mlynedd yn ei wely. (*Saib*) A ni'n fwy tebygol hefyd o ga'l 'yn creu a'n geni 'ma. Creu. Geni. Marw. Tri cham mwya' a phwysica' Bywyd yn digwydd...yn man hyn. Tri cham ond dim un yn ddewish - yn y creu, y geni na'r marw. 'Na pam wy 'di gweud erioed 'i bod hi'n bwysig gwario'n hael ar ddim ond dou beth - gwely a phâr o 'sgidie'. Wedi'r cwbwl, os ych chi ddim yn un, chi yn y llall. (*Saib*) Ma' rhywun yn teimlo'n saff yn 'i wely - ar wahân, wrth gwrs, i'r rheini sy'n ca'l 'u treisio a'u llofruddio ynddo fe. Ma' 'na ddigwyddiade', penderfyniade' a chamgymeriade' mowr yn digwydd dan gontinental cwilt, cartre' cysurus a chroesawus i bob afiechyd ac anhwylder dan haul - annwyd, ffliw, frech goch, frech ieir, tonsils, 'pendics, ma' nhw'i gyd wedi bod 'ma. (*Saib. Tôn ei lais yn trymhau*) Dyma hefyd ble fydda i'n cael breuddwydion. A hunllefe'.

Goleuir Os mewn saeth o olau - un 'clasurol', Beiblaidd ei naws - yn dod trwy ffenestr to mewn atig. Clywir llais swynol soprano (aria 'O Mio Babbino Caro' o 'Gianni Schiacchi' gan Puccini)

Os: I fan hyn daw Hi. Fydda i byth yn gwybod pam, na phryd, ond mi ddaw. I ganu. I ganu i mi, ac i mi'n unig.

Am ennyd mae'n gwrando ar y canu.

Os: (*Anwesu sain y geiriau*) Mor swynol, mor hudol, mor...gyfareddol...

Mae'n cau ei lygaid ac anadlu'n ddyfnach, yn llwyr ymgolli wrth wrando ar y canu angerddol sy'n cyrraedd uchafbwynt cyn i'r sain a'r llun ddiflannu'n ddisymwth. Mae Os yn agor ei lygaid, ei gorff wedi ymlâdd ychydig, cyn codi o'i wely. Mae eisoes yn ei ddillad a'i esgidiau.

Os: (*Fel petai dim wedi digwydd*) Nid y 'pam' sy'n 'y mecso i, ond y 'pryd' achos 'd oes dim byd gwa'th mewn Bywyd na'r annisgwyl...(*Yn rhethregol*) Oes 'na?

Codi'r golau ar yr ystafell fyw ble mae Mona'n teipio ar ei gliniadur gyda ffôn pen ar un glust.

Mona: Ma' pobol yn marw'n 'u gwelyau.

Yn ystod yr isod mae Os yn mynd ati i dwtio popeth sydd ar y bwrdd fel un sy'n dangos symptomau o Obsessive Compulsive Disorder (O.C.D.).

Os: 'Na'th y wraig a finne 'rioed gyfarch 'yn gilydd yn gall peth cynta'n bore. Yn ddelfrydol sa i'n credu y dyle gŵr a gwraig yngan gair 'tho'i gilydd tan hanner dydd. Ond y realti yw bod 'na bethe' mowr, tyngedfennol bwysig i'w trafod ac o ganlyniad mae'n trafodaethe ni wastod yn rhai call, synhwyrol.

Mona: Os raid i ti neud hynna bob bora?!

Os: Neud beth?

Mona: Ffidlan.

Os: Ford yn flêr.

Mona: Mae'r bwrdd yn dwt.

Os: Dim ond pan ma' popeth yn ei le, Mona. (*Cyfeirio at y bwrdd*) Drycha! Lle i bopeth a phopeth yn 'i le.

Mona: A nei di plîs roid sêt y blydi toiled lawr?!

Os: (*Anwybyddu*) O's te ffres yn hwn? (*tebot*)

Mona: 'Dwi'm yn gofyn llawer...

Os: (*Ogleuo'r jwg lefrith*) Lla'th 'ma'n dechre' suro.

Mona: Faint o weithia' 'dwi'n gorfod deud 'that ti bod ishio...

Os: ...A faint o weithie' sy' raid i mi weud os adawa i'r sêt lawr fe fyddi di'n meddwl bo fi 'di pisho 'da'r sêt lawr.

Mona: Dim dyna'r pwynt...

Os: 'Wy'n codi'r sêt i fyny - a'i gadael hi fyny - er mwyn i ti wbod 'mod i wedi pisho 'da'r sêt i fyny.

Mona: Ond mi fedra i weld os wyt ti 'di piso ar ben y sêt felly 'd oes dim rhaid 'i gadael hi fyny - ar ôl i ti orffen mi fedri di roi'r sêt i lawr.

Os: Sa i'n cofio'r llw priodas 'A newch chi - Oswald Pritchard - roi sêt y toiled lawr ar ôl i chi bisho!' Pam ma' 'da menwod gyment o broblem 'da seti toiled?!

Mona: Sut ma' dynion yn llwyddo'i fethu twll mor fawr?!

Nid oes gan Os ateb i hynny.

Os: (*Ogleuo'r llefrith*) Wedi suro. Bendant.

Mae Os yn mynd i agor yr oergell.

Mona: (*Yn ysgafn)* E'lla' dyliat ti ddechra' ista lawr i biso.

Os: Blydi hel, Mona!

Mona: Be' sy' rwan 'to?!

Os: Pwy sy' wedi byta'n iogyrt i?!

Mona: (*Yn sarhaus, ddi-hid*) Wel nid Mami Arth!

Os: Wel ma' rhywun wedi fyta fe, a nid fi o'dd hwnnw! A gan taw 'm ond ni'n dou sy'n byw 'ma dyddie hyn...

Mona: (*Ei thrwyn yn ei gwaith*) Chwilia, mae o yna'n rhwla.

Os: Yn rhywle...?! Ble?!

Mae Mona'n ei anwybyddu.

Os: (*Yn uwch*) Ble?!

Mae Mona'n codi'n ddiamynedd, y sefyllfa'n gyfarwydd.

Mona: Ma' isio gras weithia'...Pa un t' ishio?

Os: Banana. Yr un banana.

Mona: A be' 'di hwn - '*scotch mist*'?!

Os: Pwy roiodd e'n fan'na?

Mona: Chdi 'falla?

Os: Fydda i byth yn rhoi'r iogyrt banana tu ôl i'r twb marjarîn!

Mona: (*Ocheniad)* 'Falla taw fi na'th 'te!'

Os: Pam rhoi iogyrt tu ôl i'r twb marjarîn?

Mona: Meddwl 'sa fo 'bach o newid, Oswald! 'Mae newid yn tsienj!'

Os: Mae'r iogyrt banana i fod 'da gweddill yr iogyrts, ar y chwith! Nid ar y dde, nid yn y canol - ar y chwith - achos ma'...!

Mona: O, jest blydi byta fo, nei di?!

Mae Os yn cymryd ei iogyrt.

Os: (*Fel plentyn wedi ei geryddu*) Dim angen codi dy laish.

Mona: 'R unig ffor' nei di glywed...a gwrando. Ti byth yn gwrando!

Os: (*Yn gellweirus*) Un o'n hawlie i, fel dyn!

Mona: (*Dan ei gwynt*) Ti ddeudodd...

Os: Os yw pethe'n newid wy ishie gwbod.

Mona: (*Ochenaid*) 'Dwi jest ddim yn deall pam bod raid i bethau fod efo'i gilydd, trwy'r adeg.

Os: Fyddet ti'n rhoi ci 'da cath? Naf'set. Cath 'da llygoden? Naf 'set. Llygoden 'da...'da...?

Mona: (*Yn wamal)* Caws?

Os: Caws?! Wel naf'set achos bydde llygoden, fach ne' fowr, yn galler cyd-fyw 'da darn o gaws achos...

Mona: (*Yn derfynol*) Ddigwyddith o ddim eto. Iawn?!

Os: (*Yn syml*) Iogyrt 'da iogyrts.

Saib.

Os: (*Yn sniffian, arogli*) Ma' rhwbeth yn llosgi.

Mona: (*Hen diwn ganddo*) Nag oes, Oswald.

Os: 'Wy bendant yn clywed ogle' llosgi, Mona!

Mona: Tost.

Os: Nid ogle' tost yw hwnna. Ogle' (*yn arogli*)...

Mona: Losgish i dafell gynna'.

Os: Wyt ti'n llosgi'r tost bob blydi bore?!

Mona: (*Adlais)* Un o'n hawliau i, fel dynes!

Mae Mona'n dechrau tecstio ar ei mobeil.

Os: Beth ti'n neud?

Mona: (*Yr amlwg!)* Gwnïo sanna'.

Os:	Pwy ti'n decsto?
Mona:	Ydy ots?
Os:	Dim amser brecwast - dyna gytunon ni - a ma' hi yn amser brecwast.
	Mae Mona'n ei anwybyddu gan gario ymlaen i decstio.
Os:	Pwy, ne' beth, sy' mor bwysig fel bo ti'n tecsto amser 'ma o'r dydd?!
Mona:	Os oes raid i ti gael gwbod - Andrew.
Os:	Andrew? Ti'n ei weld e mewn hanner awr!
Mona:	Atgoffa fo am y cyfarfod bore 'ma.
Os:	'Sdi'm dyddiadur 'da fe?
Mona:	Oes.
Os:	Pam na iwseth o hwnnw?
Mona:	G ofn fydd o ddim wedi rhoi ei gyfrifiadur 'mlaen.
Os:	Cyfrifiadur?! Pam na iwseth e'i ddyddiadur clawr caled, 'te, fel pob un arall call?!
Mona:	(*Sarhaus*) Ti'n gwbod fel mae'r 'bobol ifanc' 'ma, Oswald - dewis symud efo'r oes.
	Saib. Mae Os fel petai'n ei hamau o ddweud celwydd.
Os:	Ti'n tecsto Andrew yn amal.

Mona: (*Sarhaus*) *Gweithio* efo fo. Cofio?

Os: 'Wy'n gweitho 'da pobol, ond sa i'n 'u tecsto nhw trwy'r adeg.

Mona: Achos ti'm yn gwbod sut i decstio!

Os: 'Wy'n gwbod yn iawn shwt i decsto.

Mona: (*Ei ddynwared*) 'Dewish peido fydda i'!

Os: Gwmws.

Mona: A be' os t' ishio anfon neges brys? Be' ti'n neud wedyn? Cynnau tân, anfon smôc signals, gyrru c'loman?!

Os: Iwso beth ma' nhw'n alw'n 'ffôn'!

Mona: Ydy hon (*mobeil)* yn debyg i haearn smwddio?!

Mae Mona'n derbyn tecst yn ôl.

Mona: Ti'n gweld?! Cyflym, di-wastraff amser. (*Dangos y sgrîn*) Ac er gwybodaeth, 'd o'dd o ddim wedi anghofio.

Saib. Mae Mona'n paratoi i fynd i'w gwaith tra bo Os yn mynd at y ffenestr i fwyta'i iogyrt.

Os: Di-haul. Di-ole. Llwyd. Planced o lwyd.

Mona: Tachwedd. Be' ti'n ddisgwyl?

Os: Pryd mae'r clocie'n troi'n ôl?

Mona: Ofynnist di hynna i mi ddoe. Ac echddoe.

Os: Penwythnos nesa'?

Mona: Ma' nhw wedi troi'n ôl.

Os: Odyn nhw?!

Mona: Wythnos ddiwetha'. Fi a'th rownd tŷ i'w newid nhw, fel 'dwi'n neud bob blwyddyn. 'Dwi'n mynd...

Os: (*Wrth iddi adael*) 'Dyw e ddim yn naturiol, Mona. 'R holl gysylltu 'na amser brecwast. 'Dyw e ddim yn beth normal i'w neud.

Mona: Fel rhoi'r iogyrt banana tu ôl i'r twb marjarîn, ti'n feddwl?! (*Wrth adael*) A rho sêt y toilet 'na lawr!

Mae Mona'n mynd gan adael Os yn pensynnu am ennyd.

Os: 'Sa i'n credu bo'r sgwrs 'na wedi digwydd. Wel, ddim i gyd. Siŵr taw dwy frawddeg oedd y drafodeth am y sêt toiled. 'Rho'r sêt toiled lawr, nei di - plîs?!' *'Ia. lawn.'* Ond fe'r oedd 'na sgwrs am yr iogyrt, ond 'falle' ddim cweit mor fanwl...(*Yn ailfeddwl*)...'falle... Ond fe'r o'dd 'na gyfnod yn y briodas - cyfnod cynnar, hapus pan o'n ni'n trafod polisïe economedd Columbia dros ddarn o dost a te mwnci...ond ma' fe 'di hen fynd. (*Saib byr. Ystyried.*) Ma' hi'n wraig dda - (*cyfeirio at ei geg*) hon yw'r drwg!

Golau i lawr ar yr ystafell fyw. Codi'r golau ar y swyddfa lle mae Peter yn darllen llythyr, golwg bryderus arno. Daw Os i mewn yn cario'i gês.

Os: Bore da, Peter! Hei! Ti'n gwbod pwy sy' wedi torri? (*Clicio'i fysedd*) Hympti Dympti! (*Chwerthin*)

Peter: (*Ddim yn gas*) Ti'n hwyr.

Os: Nosweth hir, ffaelu cysgu...meddwl...

Mae Os yn tynnu ei gôt a'i gosod ar y polyn priodol -

Os: (*Oedi, yn ddwys*)...Meddwl...'D yw ci ddim yn lico i rywun whythu i'w wyneb e...ond...pan ma' fe mewn car ma' fe'n wrth 'i fodd rhoi ei ben trwy'r ffenest. So ti'n credu bod hynny'n beth od?

Peter: (*Prin yn gwrando*) Od iawn.

Os: Ody. Ody, ma' fe.

Mae Os yn mynd i edrych trwy'r ffenestr.

Os: Beth sy' i'w weld heddi?

Peter: *(Edrych ar y llythyr)* 'M ond y llwm a'r llwyd.

Os: (*Adleisio Mona*) Tachwedd. Beth ti'n ddishgwl?

Mae Os yn sylwi bod Peter yn dawedog.

Os: Penwthnos da?

Peter: Arferol.

Os: Shwt ma' Melody?

Peter: (*Cywiro, eto fyth)* Melanie.

Os: (*Damio'i hun)* Mel-an-ie! Beth yffarn sy'n bod 'no i, byth yn cofio'i henw hi? Gwbod bo fe'n odli 'da 'harmoni'.

Peter: 'R o'dd hi'n iawn pan adewish i'r tŷ.

Mae Peter yn troi ei sylw at ei gyfrifiadur. Nid yw'n gwrando rhyw lawer ar fwydro boreol Os.

Os: (*Yn ysgafn*) Ond bellach wedi codi'i phac a rhedeg bant 'da'r dyn llaeth. Muned o wendid ac off a hi! (*Clicio'i fysedd)* Fel'na! Ma' fe *yn* digwydd!

Mae mobeil Peter yn canu o boced ei gôt ond mae'n dewis ei hanwybyddu.

Os: Ma' dy gôt di'n canu!

Mae Peter yn ateb ei fobeil, nodi pwy sy'n galw.

Peter: (*I'r ffôn, yn flin*) Ia, be' t' isio?...Awr ginio?! Pam na fedri di ddim 'i rhôl i?!...Fi a'th i' nhôl hi tro diwetha'...'Dw inna'n brysur, 'fyd, Mel...! (*Yn flin*) Iawn, ok, ok, ok, a' i! (*Mae'n diffodd y mobeil, ochneidio)* Merched...

Os: Dala'n 'iawn', ody 'ddi?

Mae Peter yn dechrau tecstio (Merys).

Peter: (*Egluro*) Merys yn dwad adra' o'r coleg amser cinio, a'i mam hi o'dd fod i phigo'i fyny'n steshion.

Os: Merch 'i thad o'dd hi 'rioed, fel pob merch ifanc.

Mae Peter yn dechrau tecstio tra'n siarad.

Peter: (*Yn rhethregol*) Ti'n meddwl hynny...? (*Egluro)* Ddwy 'di glynu.

Os: Fel cachu milgi ar sowdwl! Pwy faga blant...a pwy brioda wraig?! *(Chwerthin)*

Peter: Rho eiliad i mi.

Mae Os yn tacluso mymryn ar y ddesg.

Os: Gweld bod wyneb newydd 'boetu'r lle?

Peter: Mm?

Mae'n amlwg bo'r ffaith bod Peter yn tecstio ac yn cynnal sgwrs yr un pryd yn mynd dan groen Os.

Os: Gweld bod wyneb newydd 'ma. Blonden ifanc, bert, sgert gwta a llond ceg o ddannedd. Paid gweud bo ti ddim 'di sylwi arni...gan taw i ti ma' hi'n gweitho!

Mae Peter yn rhoi'r gorau i decstio ac yn troi ei sylw'n syth at ei gyfrifiadur.

Peter: (*Yn ddi-hid*) O...y...Cara. Dechrau efo ni heddiw.

Os: (*Syrpreis)* O. Cara. Reit. Wyddwn i ddim.

Peter: Yrrish e-bost i ti. I bawb. Egluro'r bwriad.

Os: Pam 'set ti jest yn gweud 'tho i?

Peter: Mi nesh i ddeud 'that ti, 'fyd, dros fis yn ôl.

Os: 'Sa i'n cofio 'nny.

Peter: Canol oed. Ma' gin ti go' fel gogor.

Os: Sylwi hefyd bo hi'n ishte' wrth 'yn nesg i.

Peter: O'n i'n gobeithio 'sat ti'n fodlon rhannu.

Os: Yn 'y nghader i.

Peter: Ydy hi?

Os: Cader wy wastod yn ishte' ynddi. 'Nghader *i.* 'Gader ble wy'n lico bod.

Peter: Ddeuda i wrthi symud.

Os: (*Troi i fynd)* Gad y pleser hwnnw i mi...

Mae Peter yn rhoi ei sylw'n llawn i Os.

Peter: Cyn i chdi fynd, o'n i isio gair efo chdi am rwbath...'Stedda.

Mae Os yn glanhau'r sedd â hances boced ond yn dewis peidio eistedd arni.

Peter: Ti'n gwbod y gwaith 'na gawson ni wythnos ddiwetha' gan y Cyngor?

Os: 'D yw 'ngho' i ddim bob amser fel 'gogor'.

Peter: 'Dwi...'dwi wedi gofyn i Cara fod yn gyfrifol amdano.

Os: Y ferch newydd?!

Peter: Ia.

Os: Sydd 'di dechre' bore 'ma?!

Peter: O'n i wedi meddwl...

Os: (*Ar draws*) Ond wedest ti taw fi o'dd fod i neud y gwaith 'na.

Peter: Dyna o'n i wedi fwriadu'n wreiddiol, ia, ond ma'...

Os: Ma' fe'n waith cyson, wythnosol, hirdymor.

Peter: Yndi, a 'dwi'n siŵr y bydd gin ti dy gyfraniad i'w neud ond allwn ni'm fforddio colli'r cytundeb 'ma...a 'dwi'n meddwl bydd y gwaith yn fwy addas iddi hi.

Os: (*Yn sarhaus*) Wel wrth gwrs y bydd e a hithe' di bod 'ma o leia' bum muned!

Peter: Ma' gynni hi radd mewn gwleidyddiaeth ac economeg, Os.

Os: A ma' 'da fi dwll yn 'y nhin!

Peter: Trw' gyfrwng y Gymraeg.

Os: (*Yn sarhaus*) Ddim yn deall gair o Zwahili, 'te!

Peter: Mi fydd hi'n fwy cyfarwydd â'r termau a'r idiomau diweddara'. Pam ddyliat ti - a finna'- grafu pen am oriau'n bathu geiria' a terma' newydd pan ma' nhw'n ail natur i'w chenhedlaeth hi? Gneud synnwyr, ti'm yn meddwl?

Os: (*Yn sarhaus*) Wrth gwrs bo fe, Peter, tra bo 'sens' mewn 'nonsens'!

Peter: A ma' hi wedi addo datblygu a gwella'n gwefan ni.

Os: O ba groth berffeth ddo'th hon?!

Peter: Fel deudodd hi, mae'r cynnwys ar y funud yn syth o'r arch. Rhy hir a diflas. Angen mynd i'r pwynt yn gynt, torri gwastraff, defnyddio termau cyfarwydd. (*Gyda phwyslais*) Oswald, mae hi'n gwybod ei 'halphabet'.

Os: (*Yn sarhaus*) Ac yn medru cyfri' i ddeg, sbo! Rhowch fedal i'r ferch! Seren aur! (*Ail-feddwl, yna*) Pwy 'alphabet'?!

Yn ystod yr isod mae Peter yn datblygu i fod yn fanic gan ddiweddu drwyn-drwyn ag Os fel petai'n ei herio'n hunllefus gan achosi i Os gael pwl o banic atác.

Peter: Yr alphabet, Os. Yr alphabet. Access, adware, analog, android, backbone, backfile, bitmap, captcha, cell, chip, dashboard, data, debug, emoticon, emulation, encryption, firebug, firewall, firmware, flaming, flashdrive...G. I. Y. F... Google. Is. Your. Friend. (*Gwên fygythiol*) *'On the keyboard of Life, Oswald, always keep one finger on the escape button!'*

Mae Oswald yn dianc o'i sefyllfa hunllefus.

Peter: Os? Lle ti'n mynd? Ty'd yn ôl, gynnon ni waith trafod...!

Wrth iddo ddianc o'i hunllef, clywir llais y ddifa (darn o 'Lucia Di Lammermoor' – 'The Mad Scene' - gan Donizetti. 'Il dolce suono...Spargi d'amoro pianto'.)

Os: O'dd e'n digwydd mor glou...mor ddi-rybudd. Rhyw...rhyw 'deimlad' yn cropian tuag ata' i'n araf, teimlad o anobeth, ansicrwydd yn treiddio mewn i mi, 'mrest i'n dynn, 'nghalon i'n curo, gwaed i'w glywed yn pwmpo tu mewn i 'nghlustie' i, fel bod ar waelod pwll nofio ne' bod rhywun wedi gosod balŵn dros 'y mhen i'm mygu i, a wy'n meddwl 'Dyma ni! Dyma'r diwedd! Wy'n marw!' (*Saib. Daw'r aria i ben yn sydyn.*) Ond mewn cwpwl o funude fe fydde'r cwbwl drosto. Gweld gole yn ben draw'r twnnel, a dim sŵn trên...Fe dreies i egluro'r profiad 'tho Mona, disgwyl cael cyngor, neu o leia' cydymdeimlad, ond 'r unig beth wedodd hi o'dd...

Codi'r golau ar Mona.

Mona: (*Yn ddi-hid*) Cym' banad o de.

Os: (*Yn anghrediniol*) Paned o de? 'Cym baned o blydi de?!'

Mona: Ne' goffi?

Os: Coffi?!

Mona: Diod o ddŵr 'ta?

Os: So ti'n gwrando, wyt ti?!

Mona: Gwena fwy!

Os: A finne'n gweld dim ond anobeth o 'nghwmpas?!

Mona: (*Yn derfynol*) Cym banad o de!

Golau i lawr ar Mona.

Os: O'n i'n teimlo fel 'sen i mewn rhyw opera sebon wael ble'r o'dd yr ateb i bob problem mewn tebot. *(Saib)* Ar ôl y pwl yn yr offis, es i ddim yn ôl i'r gwaith am rhyw ddwy ne' dair wthnos. Syniad Peter. 'Ty'd yn ôl pan ti'n barod'. Dyna wedodd e. A pwy o'n i i ddadle' - fe o'dd y bos. Ond barod am beth, 'na beth o'n i ishie wbod. 'D o'dd pethe' ddim 'r un peth ers y bore hwnnw, ers i'r ferch ifanc 'na - Cara - gyrredd.' A 'd o'n i ddim 'r un peth, 'fyd, 'nôl Mona. (*Ychwanegu'n sarhaus*) Ond fe gwmres i 'ddiod o ddŵr'... (*Saib byr. Mae'n penderfynu.*) A rhyw fore fe ddihunes a theimlo 'mod i'n 'barod', yn barod i fynd yn ôl. Fe ddechreuodd fel diwrnod cyffredin, pawb o 'nghwmpas i'n edrych yn normal. Teulu, ffrindie, cydweithwyr, pobol ar y stryd, yn eu ceir - gyda phawb yn symud i gyfeiriad pendant gyda phwrpas ac arddeliad, neb i'w weld ar goll...'blaw fi.

Mae Os yn cerdded ymlaen. Codi'r golau ar fainc mewn parc. Mae Peter yn sefyll ac yn edrych yn syth yn ei flaen.

Os: (*Wrth Peter)* 'Billy No Mates'?

Peter: (*Gwên anghyfforddus*) Rhwbath felly.

Mae Os yn glanhau'r fainc gyda'i hances cyn eistedd.

Os: (*Yn llifeiriol*) Nunlle tebyg i barc, o's e? 'Blaw glan-môr...ne' ar ben mynydd...neu ar gefen beic yn byta banana. Llefydd da i gwrdda'r rhyw deg 'fyd, yn enwedig yn 'yn hoed ni. A beth sy'n dda yw bod dim angen wyneb pert, dyfodol disglair nag arian yn banc. 'M ond ci. Ci bach ne' fowr, pert ne' salw, ci defed ne' focsar, 'sdim ots, mor belled a'i fod e'n destun dechre sgwrs. 'Ci pert'. 'Diolch yn fowr'. 'Croeso. Unrhyw siawns am ffwc?' 'Sen i 'di prynu ci 'wy'n ame' 'sen i a Mona 'di gwahanu ers blynydde. Ddim mor hawdd gwahanu pan ma' 'da ti fwji. (*Saib)* O't ti'n gweud rhwbeth?

Peter: Newydd drwg, Os.

Os: (*Yn obeithiol*) Cara? Car? Lori? Damwen?

Peter: 'Sna'm ffor' hawdd i ddeud hyn...

Os: Fel gwedodd Marcel Marceau.

Peter: Yn enwedig wrth ffrind gora'.

Os: Bore oes, bore oes!

Peter: Gwaith.

Os: Caru 'ngwaith, Peter. Gwaith 'di mywyd i. Rheswm i mi godi'n bore.

Peter: 'Dan ni'n brysur mynd i'r wal.

Os: Hwch? Siop?

Peter: Ffoniodd y cyfrifydd amser brecwast.

Os: Pryd pwysica'r diwrnod.

Pete: Fel ti'n gwbod, tydi'r busnas cyfieithu ddim 'di bod yn rhy dda'n ddiweddar - ers wsnosa', misoedd - pydru 'mlaen ar gwpwl o gytundebau. O'n i'n meddwl basan ni'n medru mynd trwy'r storm, bydda 'na fwy o waith yn dwad mewn, digon i'n cynnal ni gyd, pob un aelod o'r staff ond y gwir ydy...

Yn ystod y canlynol mae Peter yn meimio'i eglurhad wrth Os.

Os: (*Yn llifeiriol, cyn cyrraedd uchafbwynt*) A'th 'mlaen i egluro sut o'dd e'n goffod haneru'r staff, cyn whydu'r esgusodion a'r rhesyme' arferol am y 'credit crunch', y 'cut-backs', y 'difficult economic times' a bo pob corff wedi goffod cynilo - Llywodraeth Leol, Addysg, Iechyd, busnesi bach, mowr, cyhoeddus, preifat, y 'ffycin lot' yn yr un sefyllfa a fe regodd er mwyn dangos ei rwystredigeth ac er taw fi o'dd y cynta' mewn fi fydda hefyd y cynta' mas a bo'r byd yn newid, technoleg yn newid a 'do'n i ddim wedi 'addasu' i'r byd newydd, technolegol hyn a bod isio cadw'r 'gwaed ifanc' a taw rheini o'dd y dyfodol a bydden i'n ca'l mish o notis felly 'd o'dd dim rhaid i mi adael yn syth a bydde 'na bosibilrwydd i mi ddod yn ôl rhywbryd 'sen nhw'n cael mwy o waith ac arian a bo'r drws ddim wedi cau'n llwyr a bo rhosys yn yr ardd, adar bach yn canu, awyr las uwchben a bo da fe ddim 'dewis'- fel y creu, geni, marw - ac y bydde 'na ddyfodol i mi...

Pete: (*Yn uchel*) Os!

Saib. Mae Os fel petai mewn perlewyg.

Os: (*Yn dawel*) Os beth?

Pete: Ti'n gwrando 'na i?

Os: (*Dawel, ddi-nerth*) Clywed. Pob. Gair.

Pete: Deud rwbath.

Os: Taro. Gordd.

Saib.

Pete: (*Yn gydymdeimladol*) Sgin ti...unrhyw beth t' isio ofyn i mi?

Os: Oes. Un peth. Y cwrs 'na es di arno fe'n gynharach eleni - nethon nhw ddim treulio amser yn dy ddysgu di shwt i dorri newydd drwg wrth dy staff?

Peter: F'nawn cyfa.

Os: A pryd i neud? Pa ddiwrnod o'r wthnos? Achos o'n i'n meddwl bo ti 'di gweud taw dydd Gwener o'dd diwrnod 'torri-newydd-drwg'?

Peter: (*Cadarnhau*) Dydd Gwener. Rhoi penwythnos i sobri o'r sioc.

Os: (*Ym myw ei lygaid*) Dydd Llun yw hi heddiw, Peter. Gwastraff ffycin amser o'dd y cwrs rheoli 'na.

Saib. Mae Peter yn cytuno.

Peter: Be' ti'n feddwl nei di?

Os: 'Dwn 'im, 'don't know'. Fe wna i 'ngore glas, 'I'll do my blue best'.

Pete: 'Ddrwg gin i. Mêt.

Mae Peter yn cychwyn mynd.

Os: (*Galw ar ei ôl)* Peth gore' am Fywyd yw symud i'r lle nesa'.

Mae Peter yn ystyried hynny cyn gadael, yn falch bo'r orchwyl drosodd.

Os: Wrth gwrs, nid yn y parc nethon ni gwrdda go iawn, rheswm yn gweud 'nny. Yn ein swyddfa...ei swyddfa...o'n ni. Cwpwl o ddesgie, cadeirie, cyfrifiaduron...printar, papur 'sgrifennu, cydweithwyr...blonden ifanc, dinboeth o'r enw Cara...a ffenest, a trwy'r ffenest oedd y parc a'r goeden dderw a dyn canol oed yn clymu rhaff am ei wddf. Ac yn neido.

Codi'r golau ar ystafell Doctor King (Dr), y seiciatrydd. Mae hi'n syllu trwy'r ffenestr.

Os: 'D o'n i 'rioed yn un am fynd at 'ddoctoried' - y giwed sydd ail yn unig i ddeintyddion yn 'yn rhestr faith o fy nghas bobol, a pan y'ch chi dros 'ych hanner cant ac wedi goffod godde' malu cachu yr *A-Z* o bob coc oen posib, ma' hwnnw'n yffarn o restr hir! Ond 'd oedd Doctor King ddim yn ddoctor 'cymrwch-un-o'r-rhain-beder-gwaith-y-dydd'. 'R o'dd Doctor King...yn 'ddoctor pen'. Dala i gofio'r tro cynta' hwnnw...

Yn ystod y canlynol, mae hi'n symud yn osgeiddig, hyderus-rhywiol o'r ffenestr i'w desg.

Os: Ar y wal 'r oedd 'na lunie o adar o bob math, adar fydde byth yn hedfan i nunlle, yn gaeth mewn print. Rhywbeth yn drist yn hynny. A ffenest. Ffenest oedd yn edrych mas dros ardd, rhyw awgrym o berllan, coed derw ac awyr las. (*Syllu arni*) 'R o'dd ganddi'r pâr o goese' a bronne' gore' welish i 'rioed, yn ymestyn reit 'dat 'i thin. (*Ychwanegu'n ysgafn)* Ei choese', nid 'i bronne'.

Dr: (*Gwên)* 'Steddwch.

Os: (*Cywiro)* 'Stedd-a. Dim o'r chi, chithe' 'ma...Doctor King. Ei di ddim i mewn i ben dyn trwy ei gyfarch e hyd braich.

Mae Os yn glanhau'r gadair gyda hances cyn eistedd, ychydig yn nerfus. Mae'r Dr yn cymryd nodiadau ar iPad.

Dr: Be' 'di'r broblem?

Os: Cwestiwn da. Cyffredinol, ond da. Ac er taw hwnna yw'r cwestiwn cynta' amlwg, nid hwnna o'n i'n ddishgwl i ti ofyn i mi.

Dr: A beth o'ch chi'n...(*yn cywiro*) o't ti'n ddisgwl i mi ofyn?

Os: Holi am 'y mhlentyndod - fel ma' nhw'n neud ar sioe-e' siarad - holi pa oed o'n i pan ges i f' abiwso'n rhywiol gan y fenyw drws nesa' a pryd nes i ddwgyd dillad isha' o' ar lein gwraig y gweinidog.

Dr: A pryd nest ti hynny?

Os: 'Nes i ddim, ond 'na beth o'n i'n ddishgwl iti ofyn. Cwestiwn nesa'?

Mae Dr King yn teipio sylwadau.

Os: A dyna ddechre'r gêm. Gêm holi ac ateb. Hi'n holi cwestiynne amlwg a finne'- er mwyn rhoi halen yn 'i huwd hi - yn ateb yn amwys. Hwyl gore' ges i 'rioed 'da 'nillad 'mla'n !

Codi'r golau ar Mona yn yr ystafell fyw. Mae'r canlynol yn gyflym.

Dr: 'S gin ti gymar?

Os: O ryw fath.

Mona: Beth ma' hi'n neud?

Mae clywed llais Mona'n ei daflu.

Os: 'Sa i'n rhy siŵr.

Dr: 'S gin ti blant?

Os: Nag o's...(*cywiro*)...oes.

Mona: Wyt ti'n hapus?

Dr: Be' sy'n dy boeni di?

Mona: Pam wyt ti'n poeni?

Dr: Pwy sy'n dy boeni?

Mona: Pryd ti'n poeni?

Dr: Sut ti'n teimlo?

Mona: Pam ti'n teimlo felly?

Dr: Sut mae'r gwaith?

Mona: Sut mae'r gwaith?

Os: (*Yn derfynol*) Shwt mae'r gwaith?!

Golau i lawr ar yr ystafell fyw.

Os: 'Mlaen a 'mlaen, pryd-pam-pwy-sut yn ddi-dor, jest holi, holi, holi, nes yn y diwedd...(*Wrth y Dr*) Pam na nei di jest weud 'tho i beth sy'n bod, hytrach na gofyn i mi?!

Dr: Rhaid i mi wbod mwy amdanat er mwyn treio dwad i dy nabod di.

Os: Nabod? Neu adnabod?

Dr: Beth yw'r gwahanieth?

Os: Dros hanner can mlynedd a thrwch croen. *(Saib)* A bu distawrwydd llethol. Sut o'dd dishgwl iddi ddod i nabod dyn o'dd ddim hyd yn oed yn 'nabod *'i* hunan?

Mae'r Dr yn rhoi'r iPad ar y ddesg.

Os: Gerddes i o'no'n teimlo'n wag, yn teimlo fel 'sen i 'di cerdded i fyd gwag ble'r oedd dim oll wedi 'i ddatrus, dim oll wedi'i wella. Pob dim yn teimlo fel...dim. (*Saib)* Ond, fe 'na'th hi ofyn...

Dr: ...Wyt ti'n cael rhyw efo dy wraig?

Mae Os yn oedi, yn methu neu'n gwrthod ateb.

Golau i lawr ar ystafell y seiciatrydd. Codi'r golau ar yr ystafell wely lle mae Mona'n ei gwely, yn teipio ar ei gliniadur, un gwifren yn ei chlust. Daw Os i mewn gan dynnu rhywfaint o'i ddillad a'u plygu'n or-ofalus ar y sedd ger y gwely.

Os: I ddynon mae rhyw yn rhywbeth mae'n rhaid ei 'neud beder gwaith yr wythnos - fel watshio ffwtbol, yfed gwin ne' ca'l cwpwl o beints. Ond i ferched, mae rhyw yn rhywbeth mae'n rhaid iddyn nhw 'i neud ddim mwy na thair gwaith y flwyddyn. Pen-blwydd, bore Nadolig ac unweth ar wythnos o wylie yng Nghorfu. Ond ni'n wahanol. Er enghraifft, bydden well 'da dynon petai gan ferched dair, ne' beder ne' bump o fronne'. Ond y merched 'u hunen? Digon hapus 'da dwy, diolch yn fowr! Ac er bo fe'n galler bod yn rhywbeth oer, unig - gwallgo' hyd yn oed - wy'n lico ca'l rhyw. Rhywbeth 'ysbrydol' yn perthyn iddo - cyfarthrebu ar lefel dwfwn, gweud 'tho rhywun arall yn union pwy odw i. Rhoi syrpreis i 'nghymar oes, dinoethi 'yn hunan 'da gonestrwydd. (*Torri'r rhamant*) A ma' hi'n bwysig nawr ac yn y man i gael gwared o hen ddŵr budur. (*Syllu ar Mona*) 'S neb yn marw o ddiffyg rhyw. Ni'n marw o ddiffyg cariad.

Edrycha Os drwy'r ffenestr i'r nos. Mae Mona'n dal i deipio.

Os: Machlud hyfryd heno.

Mona: (*Dim diddordeb*) Ydy o?

Os: Haul rhwng cist a phared, yn llithro i'w wely trwy'r coed a'r awyr ar...(*Fel petai'n ofn dweud y gair*)...ar dân.

Mae Os yn llithro'n ofalus i'w wely.

Os: (*Yn siomedig*) Ga' i ofyn pwy yw e heno?

Mona: Ar Facebook 'dw i. Ateb rhai o'm 'ffrindia'.

Os: (*Yn falch*) O. A sawl 'ffrind' s'da ti bellach?

Mona: Dros ddau gant.

Os: Dou gant?! (*Yn ysgafn, sarhaus*) Nadolig drud, Mona...Ond cofia, gei di yffarn o angladd mowr.

Mae Mona'n dewis ei anwybyddu.

Os: Oes raid i ti neud hynna'n gwely?

Mona: Fydda i'm yn hir.

Os: Wy ishie sgwrs.

Mona: Yn munud.

Saib. Nid yw Os yn rhy hoff o gael ei anwybyddu.

Mona: Colin wedi cysylltu.

Os: (*Sarhaus)* A ble ma' efe bellach?

Mona: Dal yn Awstralia. Sydney.

Os: Ar ei din ar dywod Bondi, ife?

Mona: Manly. Gwell traeth mae'n debyg. Brysur rhedeg allan o arian.

Os: Ac yn holi am 'fenthyciad' arall.

Mona: Alla' i'm gadael iddo fo lwgu, alla' i - 'm isio colli '*brownie points*' fel mam.

Os: Dechre' deall pam ma' nhw'n ei galw hi'n flwyddyn 'gap'. Gadel gap yffernol ym mhoced rhywun!

Mona: Cael dim dima' gan ei dad.

Os: (*Yn sarhaus*) Er mowr syndod i bawb. (*Yn ysgafn*) Ga' i neges o' wrth fe cyn hir. '*No mun, no fun, your stepson.*' A fe geith ateb, '*So sad, too bad, your step-dad.*' 'Falle bo fi'n 'step-dad' ond cheith e'm camu drosto' i!

Mona: Mi neith les iddo fo. Gweld y byd, ehangu 'i orwelion. Gwell teithio un filltir na darllen mil o lyfrau.

Os: 'Sa i'n gweld shwt ma' bwyta powlen o reis yn Thailand ac ishte ar ei din ar draeth yn Awstralia'n 'ehangu'i orwelion' e!

Mona: 'Sat ti a finna' wedi gneud yn union 'r un peth yn ei oed o 'sa'n ni 'di cael y cyfle.

Os: (*Saib)* Cofio ata' i, ody e?

Mona: (*Celwydd)* Yn wresog.

Os: (*Yn sarhaus*) Wrth gwrs bo fe. Synnu na fydde fe 'di mynd i'r Antartic - Awstralia braidd yn agos i rywun ma' fe'n gasáu.

Mona: Paid â bod mor uffernol o sensitif. Mae o'n ddeunaw oed - mae o'n casáu pawb!

Os: Nes bo'i fola fe'n wag.

Saib. Mae Mona'n gwrthod cymryd yr abwyd.

Os: Deunaw. Dyna'r oed nethon ni gwrdda gynta'.

Mae Mona'n hanner troi ato, yn gwybod lle mae'r sgwrs yn mynd.

Os: Parti rhywun.

Mona: Emrys Parry.

Os: Ia, 'na ti. Emrys Parry. 'Sgwn i ble ma' hwnnw heddi?

Mona: *(Yn ddi-hid*) Tyfu bloda'.

Os: Yn ble?

Mona: Fynwant. Ddeudish i 'that ti sbel nôl. Mi a'th i'r parc efo rhaff a crogi'i hunan. Neb yn gwbod pam.

Os: Wn i pam. Bastard bach hunanol o'dd o 'rioed a 'sdim byd mwy hunanol na lladd dy hunan. Meddwl dim am y llanast o'dd o'n adael ar 'i ôl. *(Newid cywair yn syth)* Brynest ti ddiod i mi. O't ti'n lico'r ffaith bo fi'n yfed chwerw. Bechgyn eri'll i gyd yn yfed lager a leim. Tridie' wedi 'nny geson ni'n cusan gynta'. Cofio?

Mona: (*Dim diddordeb*) Mm?

Os: (*Gan dynnu'r un ffôn-pen o'i chlust*) Roiest ti dy dafod reit lawr 'y ngwddwg i. Wyt ti'n dala i gusanu fel' 'nny?!

Mona: (*Dweud rhywbeth i gau ei geg*) Llyfu tonsils yn hobi.

Mae Mona'n gosod y ffôn-pen yn ôl ar ei chlust.

Os: O't ti'n gweld rhywun arall ar y pryd.

Mona: (*Parhau i deipio*) 'Pen-blwydd hapus, Emrys'...druan!

Os: Cerdded gatre' trwy'r fynwent. 'Gawn ni fod jest yn ffrindia' meddet ti, cyn i mi dy wthio'n ddiseremoni ar slab o garreg fedd, fel dyn despret.

Mona: Dyn 'chwerw' *a* despret - be' arall ma' dynas ishio?!

Os: Dêt cyntaf. Pryd o jips, cyri sôs a cán o Vimto. Amser da. Y gore. Dylen ni fod wedi priodi bryd hynny. 'Sen i 'di neud gŵr cynta' lot gwell.

Saib. Mae Mona'n dal i e-bostio yn ystod y canlynol.

Os: Pa mor amal ma' fe 'di cysylltu 'dat ti heddi?

Mona: Tair, bedair gwaith?

Os: (*Yn sarhaus, llifeiriol*) A pob dim ar sgrîn, wrth gwrs. Pan o'n ni'n dou'n ifanc...

Mona: Dim heno, Os...

Os: (*Anwybyddu*) O'n ni'n *ffono'n* gilydd. 'M ond i'w dad-cu a'i fam-gu o'dd rhywun yn 'sgrifennu - wnes i 'rioed 'sgrifennu i neb o'n oed 'yn hunan.

Mona: *(Yn sarhaus, dan ei gwynt)* A wedyn mi ddoth y rhyfal...

Os: (*Yn anwybyddu*) Ti'n cofio pan o'dd gwir gariad yn dechre 'da llygaid yn edrych ar lygaid ar draws 'stafell lawn? Heddi, ma' perthynas yn dechre a'n darfod 'da cwpwl o eirie' ar un o rheina (*gliniadur*)...ne' fobeil ffôn ne' Facebook ne' Twitter ne' iPod ne' iPad ne' 'dablet'...

Mona: ...'R un peth...

Os: (*Yn sarhaus)* Rhwbeth i wella cur pen yw tablet, nid rhoi un i mi.

Mona: Leslie.

Os: (*Eiliad, yna)* Pwy?

Mona: Enw'r cariad newydd. Am anfon llun pan geith o gyfle.

Os: Colin a Leslie? Yr enwe' ddim cweit yn mynd 'da'i gilydd - ddim fel tsips ac wy, ham a mwstard, Batman a Robin. So fe 'rioed 'di sôn am ferched 'tho i. Bob tro wy'n holi a bysnesan ma' fe'n newid y pwnc. Ody e fel'na 'dat ti?

Mona: (*Anfon neges*) Yndi.

Os: Ond fel 'i fam e, fydd dim rhaid i ti 'i holi e rhyw lawer - byddi di'n reddfol un cam ar y blaen 'ddo fe - synhwyro pethe'. Hynny'n wir am fam a'i phlentyn, on'd yw e?

Mona: Ydy. Mae o.

Os: A sdim ots os yw hi'n beth blaen - salw, hyd 'n oed - mor belled â'i fod e'n hapus.

Mona: Hollol.

Mae Mona'n diffodd a chau'r gliniadur.

Os: Sut o'dd Andrew heddiw?

Mona: (*Oedi ennyd*) Mm?

Os: Andrew. Shwt o'dd e?

Mona: Andrew'n iawn. Cofio atat ti.

Os: Cofia finne' ato fynte.

Mae Mona'n gafael mewn cylchgrawn poblogaidd e.e. 'Cosmopolitan'.

Os: Ti'n barod?

Mona: Mm?

Os: Mae hi yn nos Fercher gynta'r mish.

Mona: (*Ochenaid)* Oes raid i ni neud o bob nos Fercher gynta'r mis?

Os: Dyna gytunon ni. Unweth y mish. 'Sa i'n gweld pam ma'n rhaid newid ein... trefniant.

Mona: Ddeudist di bo ti ishio sgwrs.

Os: Gall hynny ddishgwl. Cwpwl o funude' fydda i.

Mona: (*Ochenaid, yn flin)* 'Dwi ddim yn mynd ar y top!

Os: A pryd fuest di ar y top ddiwetha'?!

Mae Os yn gorwedd ar Mona.

Mona:	A plis paid a dwad ar 'y mrestia' i - 'dwi newydd gael bath.
	Mae Oswald yn estyn cyfrol o farddoniaeth T.H. Parry-Williams o dan y gobennydd -
Os:	Pwy 'set ti'n lico mish yma - T.H. Parry-Williams?
Mona:	Rhywun ond Saunders Lewis.
Os:	Meddwl 'sa'n hoff soned i - 'Argyhoeddiad'- yn plesio.
Mona:	Ar adega' fel hyn, ma' 'chydig o argyhoeddiad wastad yn plesio, Oswald.
	Mae'r dudalen eisoes wedi ei chlustnodi wrth iddo ddal y llyfr ag un law a'i bidlen gyda'r llall. Mae'n adrodd rhan olaf o'r soned 'Argyhoeddiad' tra'n cael rhyw anghyffrous, un-rhythm gyda Mona sy'n dechrau ail-ddarllen ei chylchgrawn 'Cosmopolitan' dros ei ysgwydd fel petai dim oll yn digwydd. Wrth ddarllen y soned mae'n gorfod cystadlu gyda chanu cynyddol uwch y ddifa (darn o aria 'Ebben? Ne andró lontana' o 'La Wally' gan Catalani.) Daw'r aria, ac Os, i uchafbwynt 'r un pryd. Yna mae'n codi'n syth ac yn gwisgo tra'n gwrando ar yr aria.
	Golau i lawr ar yr ystafell wely. Codi'r golau ar ystafell y seiciatrydd sydd yn meimio ar ei mobeil tra'n gweithio ar iPad. Mae Oswald yn cerdded i'r olygfa'n bwyllog, ofidus ac yn syllu ar y seiciatrydd sy'n ei anwybyddu.
Dr:	'D o'n i ddim yn meddwl y basat ti'n ôl wsnos yma.
Os:	Na finne'. Ond fel gwedodd Harri'r Wythfed wrth 'i wragedd, 'Peidiwch â phoeni, chadwa i mo'nach chi'n hir!' (*Chwerthin)*
	Mae ei wedd hwyliog yn newid.

Dr: Sut ti'n teimlo?

Os: Fel torth wlyb - yn drwm, ddi-flas, ddi-siâp...neu fel lwmp o gachu mewn blendar, dewish di.

Dr: 'Stedda.

Mae Os yn dewis peidio. Mae'n edrych allan trwy'r ffenestr.

Os: Fi yw'r unig un call sy'n dod 'ma, ife?

Dr: Dibynnu sut ti'n diffinio 'call'.

Os: Rhywun sy'n gweld babi mewn pram ac yn penderfynu peidio peintio'i wyneb e?

Saib. Nid ateb arferol, un sydd yn awgrymu cyflwr ei feddwl.

Dr: Ti'n mwynhau edrych trwy ffenest.

Os: Canfas Bywyd. Ma' ambell un ar 'i wely angau'n mynnu agor ffenest, cyfle i'r ened fynd mas.

Dr: Be' ti'n weld heddiw?

Goleuir Os mewn saeth o olau, fel yr un ar gychwyn y ddrama.

Os: Ffenest cegin. Llechwedd. Cae. Mam-gu yn gweiddi, 'Cino!' Sŵn injan tractor. A thawelwch. Sydyn. Llethol. Rhedeg lawr cae am yr hewl fowr, mam-gu'n sgrechen llefen - nid llefen cyffredin, ond y math o lefen sydd i'w glywed o grombil Bod rhywun - ei dwrn yn dyrnu ei chlunie nes o'n nhw'n biws o gleisie, car yn stopio, cael lifft i'r dre', whilo am 'y nhad, hwnnw'n gofyn, 'Beth sy' wedi digwydd?', a finne'n ateb 'da gwên fowr ar 'yn wyneb, 'Ma' tad-cu wedi marw!' (*Saib*) 'D o'dd 'na ddim pen. Fe whydodd Roberts plismon yn nhin clawdd. Plismon gwlad - 'd o'dd e'm 'di gweld dim byd gwa'th na cryts yn dwgyd 'fale...Bu rhaid i 'nhad olchi ei dad 'da peipen ddŵr. Mewn beudy. Fel 'se fe'n anifel.

Diffoddir y golau saeth. Saib.

Os: (*Egluro*) Co' cynta'. Tair oed. Alli di 'sgrifennu traethawd am hynna! 'Plentyndod Oswald Pritchard.' (*Yn freuddwydiol, llifeiriol)* Ond paid anghofio sôn am whare ffwtbol dan ole' lamp, Nadoligau delfrydol, cynne canhwylla' mewn storom, capie' gwlân, cotie' gwau, cae o gennin Pedr, clyche'r gog, cwch pysgota, ogle' môr a gwymon...(*Yn ofnus, drist*) a mwg tân glo'r pentre.

Saib. Mae rhamant ei orffennol drosodd.

Dr: Oes 'na rywbeth arall t' ishio'i drafod?

Os: (*Gwên)* Pam na ofynni di beth sy'n rhoi pleser i mi? Pleser, nid poen.

Dr: Be' sy'n rhoi pleser i ti, Oswald?

Os: Mynd i ben mynydd, nofio mewn môr cynnes, ogle' bara ffres, blas coconyts, potel o rioja, gwydriad o wisgi, gweld merch yn noeth lymun am y tro cynta'...(*Yn ei hwyneb*) Bwrw fy mol wrth ddynes bert, ddiarth, rywiol mewn cadair ledr, ddu?

Yn gwbwl gyfforddus gydag ymddygiad Os, mae Dr King yn dechrau ysgrifennu nodiadau ar yr i-Pad.

Os: (*Chwerthiniad dirmygus)* Anodd peido edmygu pobol fel ti. Ishte'n fan'na, gweud prin ddim. Wedi clywed y cwbwl o'r blaen - sawl gwaith - ond chei di ddim gwgu, gwenu, ysgwyd pen, tyt-tytio, tagu mewn i dy hances boced na dangos dy fod wedi diflasu trw' dy din. Na, jest ishte'n fan'na, 'sgrifennu ambell air, ambell frawddeg, heb styrbo gormod ar y 'claf'. (*Yn dynwared*) 'Wy'n deall, Oswald'... 'Reit, Oswald'...'Rhywbeth arall, Oswald?' Ond wedyn wy'n gweud - mwya' sydyn - 'O, gyda llaw, Doctor, wy newydd barco'n whilber ar linelle melyn felly rhaid i chi fod yn glou ne' ga' i diced a wy ishe achub y byd cyn cino achos ma' 'na draffig yffernol ganol prynhawn yn enwedig ar ddydd Gwener pan ma' pob twat mewn siwt pin strip yn mynd adre'n gynnar yn ei BMW at ei wraig lot ifancach sy'n ffwrcho'r plymar ar y slei!' (*Saib*) Seibio, i weld os ti'n dala i wrando...a ffyc mi, mi wyt ti hefyd! Rhaid cyfadde', chi ddoctoried pen yn broffesiynol iawn. Pobol hyfryd. Wy'n dy garu di ac ishie dy blant di!

Saib. Y rhuthr meddwl drosodd. Mae Os yn ailedrych trwy'r ffenestr cyn i Dr King ailafael yn y sgwrs.

Dr: 'R oedd colli dy swydd yn deimlad newydd, diarth?

Mae Os yn edrych i gyfeiriad Mona ac yn ei chyfarch.

Os: O'n i'n ddiwerth. Colli'n hyder, 'yn hunanieth, 'yn hunan-barch. (*Yna, wrth y Dr*) Yn fan'ma (*pen*) mae 'na ddieithryn yn ishte'n fud mewn cader siglo. Ac weithie' mae fe'n agor y drws ac yn cerdded lawr grisie' i'n 'stafell fyw i. Fydda i'n edrych yn syth ymlaen i nunlle, am orie' - yn llonydd, yn llwfr. (*Saib*) Pawb yn teimlo felly weithie'...odyn nhw?

Golau i lawr ar ystafell y seiciatrydd, codi'r golau ar Mona yn yr ystafell fyw.

Mona: Tabledi?!

Os: (*Tynnu potel dabledi o'i boced*) Yr ateb i bob dim. Ond nesh i 'rioed drysto pethe' mewn poteli bach brown.

Mona: 'Nesh i gyfarfod Peter.

Os: Beryg styrbo'r cemicals man hyn (*pen*).

Mona: (*Yn flin*) O'dd o'n meddwl 'mod i'n gwbod! Pam na ddeudist ti 'tha i?!

Os: Mae'n bwysig cael pen da ar 'sgwydde.

Mona: Wyt ti'n gwrando 'na i?! 'R o'dd gin i hawl i gael gwbod!

Os: I bobol sy'n dost ma' tabledi a wy ddim yn dost. (*Rhoi'r botel yn ei boced)*

Mona: 'Dwi dal yn wraig i ti, Oswald!

Os: (*Ennyd, yna)* 'D o'n i ddim yn meddwl bo fe'n bwysig.

Mona: Ti wedi colli dy waith!

Os: Fel dege, cannoedd o filoedd o ddynon a merched er'ill.

Mona: Dyliat ti fod wedi deud 'tha i'n syth. Trafod y peth yn gall.

Os: Fel y'n ni'n trafod y peth yn gall nawr, ife?!

Mona: Rhannu'r baich. Rhannu er mwyn haneru. Dyna ma' cypla' normal yn 'i neud.

Os: (*Yn uchel)* Ac ers pryd, Mona, y'n ni'n gwpwl 'normal'?!

Saib. Mae golwg euog ar Mona.

Mona: O'n i'n meddwl bod ni'n dau'n onast efo'n gilydd. Deud pob dim. Gallat ti o leia' fod wedi bod yn ddigon o ddyn i ddeud 'tha i'n 'y ngwyneb!

Os: A gwbod taw fel hyn byddet ti'n ymateb?!

Mona: (*Saib*) Be' 'dan ni'n mynd i neud?!

Os: Llwgu?

Mona: 'Dio'm yn ddoniol!

Os: Fe ffeinda i jobyn arall.

Mona: Yn lle?!

Os: Sa i'n gwybod.

Mona: 'Dan ni 'nghanol dirwasgiad!

Os: Alla i ga'l jobyn ar fferm fel bwgan brain, bod yn '*gigolo*', sychu tine' mewn '*intensive care*' - digon o bethe' alla' i neud.

Mona: Mae gynnon ni forgej, gynnon ni filiau, hogyn i fynd trwy coleg, blynyddoedd o dalu ffioedd, ar be' 'dan ni'n mynd i fyw - ar y gwynt?!

Os: Ti'n gweitho.

Mona: Allwn ni'm cynnal y tri ohonan ni ar 'y nghyflog i!

Os: (*Dan ei wynt*) Bydd rhaid i ni.

Mona: Be'?

Os: (*Yn uwch)* Bydd rhaid i ni, Mona! Rhaid! Rhaid! Rhaid! A diolch yn fowr am dy gydymdeimlad - o'n i'n gwbod 'set ti'n deall! Fi sy' wedi colli rheswm i godi'n bore, 'y nyfodol, f'unig bwrpas ar y ffycin ddaear hyn - felly 'd yw hi ddim yn broblem i ti !

Mona: Ddim yn broblam i mi?!

Os: 'Drycha ar yr ochor bositif! Bydd yr ardd yn deidi, y tŷ wedi'i hwfro, a phan fyddi di'n cyrredd gatre' o dy 'waith' fe fydd 'na swper yn dishgwl amdanat ar y ford. 'Falle' bydd 'na lai - yn wir, 'falle bydd ffyc ôl ar y plât - ond alla i dy sicrhau di y bydd y plât yn dwym! 'Mwynha dy swper, Mona - dyma lond powlen o stêm!'

Saib o dawelwch. Ddau'n edrych ar ei gilydd. Mae un frawddeg wedi glynu i'w gof ac wedi ei siglo.

Os: Beth o't ti'n feddwl 'ti 'dal 'yn wraig i mi'?

Mae Mona'n syllu arno cyn mynd.

Os: Mona?

Dim ateb.

Os: (*Gwaedd ingol, a la Stanley Kowalski*) Mona?!

Golau i lawr ar yr ystafell fyw. Codi'r golau ar ystafell y seiciatrydd.

Mae Os yn mynd i edrych trwy'r ffenestr fach.

Os: Mae bywyd bob dydd wedi mynd yn gyfres o lunie, fflachiade, ôl-fflachiade, sumbole - cwbwl yn garnifal o oleuade' yn raso trwy'r meddwl, fel bod mewn ffilm ddi-sain sy'n llawn pobol 'di marw. (*Anadl drom)* Rhaid. I Bethe. Arafu. Mae angen oedi, pwyllo, pwyso a mesur. Ishte ar 'y nwylo a dehongli. (*Edrych trwy'r ffenestr)* So nhw'r hyn ti'n feddwl y'n nhw.

Dr: Pwy?

Os: (*Datblygu'n raddol i'r manic*) Nid 'pwy' - 'beth'. *Sciurus carolinensis. (Egluro*) Wiwerod llwyd. Digon o wyneb 'da'r bastards bach i alw 'u hunen yn 'wiwerod' jest am 'u bod nhw'n 'edrych' fel wiwerod.

Dr: Nid wiwerod ydyn nhw?

Os: *(Ysgwyd ei ben)* Dan yr wyneb, dan y croen, ddim yr un '*genetics*'. Fel orenj a thanjerin. Ffycars yn dod 'ma i ddinistrio coed, planhigion a lladd, lladd y wiwerod coch, y wiwerod go iawn - 'u bwlio, herio, hel o'u cynefin a'u llwgu - dwgyd tir, tir sydd ddim yn perthyn iddyn nhw! (*Yn ymbwyllo*) Dyna sy'n digwydd, Doctor King, os nad yw rhywun yn ofalus. (*Pwyntio at ei ben*) Colli tir.

Saib, y ddau'n ymwybodol bod is-destun.

Dr: Dal i gymryd y tabledi?

Os: (*Celwydd*) Odw.

Dr: Mae'n bwysig bo ti'n 'u cymryd nhw.

Os: *(Ysgwyd ei ben)* Cau'n llyged a wy dala'n effro. Gormod o bethe'n mynd trwy'r meddwl.

Dr: Petha' ?

Os: Tu mewn man hyn (*pen*) - yn bwll du o syniade...ac ofne...

Dr: Pa ofna'?

Nid yw Os yn ateb.

Dr: *(Gosodiad)* Colli gwaith.

Os: (*Yn flin*) Sa i ishie clywed yr amlwg!

Dr: Yr amlwg yn aml yw craidd y broblem.

Os: *(Gyda phwyslais)* Nid pob tro.

Golau i lawr ar ystafell y seiciatrydd. Codi'r golau ar y swyddfa.

Os: Wy ddim yn meddwl bo Doctor King 'di deall beth o'n i'n dreial 'i egluro wrth sôn am y wiwerod llwyd. Ddim yn rhy siŵr os o'n i'n deall yn iawn 'yn hunan ond 'r o'dd e'n neud synnwyr i mi ar y pryd, ar yr eiliad arbennig honno'n 'y mywyd. A 'd oes dim eiliad bwysicach na'r eiliad hon...y presennol...nawr.

Daw Os i'r swyddfa yn llawn ysbryd ond mae'r surni'n agos i'r wyneb.

Os: Sawl canwr gwlad ma' hi'n gymryd i newid bylb?

Mae Os wedi dweud y jôc wrtho o'r blaen.

Peter: 'Dwn 'im, Os. Faint?

Os: Deg. Un i newid y bylb a'r naw arall i ganu am ba mor dda o'dd yr hen fylb. (*Chwerthin)*

Peter: (*Heb ei oglais*) Mae dy jôcs di mor hen mae rhan fwya' ohonyn nhw'n byw yn Llandudno! Be' ti'n da 'ma?

Os: So ti'n falch o 'ngweld i?

Peter: Wel, yndw, wrth gwrs 'mod i...

Os: Wedi dod i hôl 'y 'mhethe'. (*Cyfeirio at focs esgidiau*)

Peter: O. Reit. O'n i'n meddwl 'n bod ni wedi trefnu diwrnod wythnos nesa'?

Os: Pwy a ŵyr ble fydda i wthnos nesa', ble fydd 'r un ohonan ni?! Car, congol dywyll, lori (*Mae'n clicio'i fysadd*) Rhywun byth yn gwbod, Peter.

Peter: (*Awgrymu cyflwr Os)* Nac'di, Os...'tydi rhywun byth yn gwbod.

Os: A meddwl hefyd rhoi 'bach o syrpreis i ti. Pawb yn lico syrpreis, tynnu rhywun mas o rigol. 'Byd gwaeth na rhywun sy'n byw mewn rhigol, yn gaeth i'r drefen. (*Yn gynnil*) Fel bod yn gaeth i briodas wael - so ti'n meddwl?

Peter: Digon posib.

Os: Priodas, Peter - marwoleth gobeth!

Peter: (*Cyfeirio at y bocs esgidiau*) Pob dim gin ti?

Os: Pob dim ond 'y nyfodol. 'Da ti o'dd hwnnw. Ond paid â becso, wy ddim 'di cachu'n dy ddrôr di - er, rhaid cyfadde', ges i 'nhempto.

Peter: (*Yn chwithig*) Os...Gwranda. 'Dan i'n dâu'n mynd yn ôl flynyddoedd - fel ti wastod yn ddeud, ffrindia' bora oes. Wyt ti'n meddwl bod hyn wedi bod yn hawdd i mi?!

Os: Wel...ma' fe 'di bod yn dipyn ffycin haws i ti nag i mi, on'd yw hi?!

Peter: 'D o'dd gin i ddim dewis!

Ennyd wrth i Os reoli ei emosiwn, yna

Os: Nag o'dd. Nag o'dd wrth reswm. (*Yn annidwyll*) Sori. Mae dyn yn gallu mynd o'i go' os ceith e ormod o ddewish. Ac os t' ishie gwbod sut brofiad yw hynny, cer i sefyll o flaen y shilff *'olive oil'* yn Waitrose.

Mae Os yn mynd i edrych trwy'r ffenestr ac mae holl dôn a chyfeiriad y sgwrs yn newid.

Os: Awyr las, glir heddi. (*Yn pwyntio*) Awyren! Hollti'r awyr 'da'i chynffon wen. Fel llysnafedd malwoden. *'Off we go into that wild blue yonder'*. Ti'n lico meddwl bo ti'n ddyn geirie - '*wild*' a '*yonder*' - geirie' hyfryta'r iaith Saesneg, so ti'n meddwl?

Peter: (*Dim diddordeb)* Hyfryd.

Mae Peter yn dechrau tecstio'n ystod y canlynol.

Os: *'Climbing high into the sun'*...Wedes i 'thot ti am yr awyren dda'th heibo'n ysgol ni pan o'n i'n blentyn? Amser whare' o'dd hi, pan welson ni hi'n agosáu yn ishel dros y mynydd, yr injan yn dechre tagu, sŵn yn mynd yn uwch ac yn uwch wrth iddi gwmpo'n is ac yn is...syth tuag aton ni. Plant yn dechre' sgrechen, athrawon yn dechre gweiddi cyn iddi fynd heibo, syth ar ei phen i'r coed a chwythu fyny yn un pelen o...(*Oedi)* o dân...fflame'n codi...a chwmwl du yn incio'r awyr. (*Saib)* 'R o'dd gan y peilot 'na benderfyniad i'w neud - neido mas ac achub 'i fywyd, neu aberthu'i fywyd er 'yn lles ni.

Mae Os yn dwyn y mobeil oddi ar Peter.

Os: 'Na beth yw 'dewish', Peter. Dewish go iawn.

Mae Os yn rhoi'r mobeil yn gadarn ar y ddesg cyn camu at y ffenestr.

Os: (*Edrych trwy'r ffenestr)* 'D yw'r awyr las 'rioed wedi dishgwl 'r un peth ers y diwrnod 'nny. (*Saib byr, yna bywiogi*) 'Set ti'n lico clywed jôc dda arall?

Peter: Rhywbryd eto.

Os: Ond fydd 'na ddim 'rhywbryd eto', Peter, dim yn fan hyn.

Mae Peter yn fud, ddim eisiau dilyn y trywydd hwnnw eto fyth. Mae Os yn gafael yn ofalus yn y bocs esgidiau.

Os: Credu 'mod i wedi casglu popeth. Gyrfa mewn bocs 'sgidie'. Rhyfedd fel ni gyd yn diweddu mewn bocs, on'd yw hi? Hyd yn oed os ti'n dewish ca'l dy losgi'n ulw, rhaid dy roi mewn bocs gynta'. Fel Pandora. O'dd honno mewn bocs, gwed, ne' berchen bocs o'dd honno? Fydda i byth yn cofio.

Peter: Gwranda, Os, ma' gin i waith i'w neud a...

Os: Sut ma'...(*cofio*) Mel-an-ie erbyn hyn?

Peter: 'R un peth ag o'dd hi ddoe, pan ofynist ti i mi ar y ffôn.

Os: Dala 'da'ch gilydd ar ôl yr holl flynydde hyn. Sawl blwyddyn?

Peter: Dros ugain.

Os: Cyment â 'nny. Rhyfeddol. Meddwl 'se hi 'di codi phac ar ôl y tro diwetha' hwnnw...*(yn ei atgoffa)* pan gest di dy ddala 'da dy din at 'r haul.

Nid yw Peter yn cymryd yr abwyd.

Peter: (*Cadarhau)* Dal efo'n gilydd, Os.

Os: A chi'ch dou'n dala i siarad 'da'ch gilydd...yn normal ?

Peter: Mor normal ag unrhyw gwpwl priod.

Os: Falch o glywed, Peter. Bwysig siarad. (*Adleisio Mona*) Rhannu yn haneru'r baich.

Peter: Yndi. Mae o.

Os: Ffaelu deall cwple sydd ddim yn siarad. (*Saib byr)* Dydd Sul, mewn tafarn, yn amser da i'w gweld nhw - amser cino. Ishte'n y gongol, fe 'da'i 'beef dinner' a hanner o lager, hithe' 'da'i ffowlyn a thomato jiws. Fe ofynnith e am fwstard melyn, nid y mwstard pisho cath 'na o Ffrainc, cyn i'r ddou syllu am orie' ar y pwdine a dewish y reis a'r crymbl. Gatre' wedyn. Plant 'di gadel y nyth, so nhw'n rhy hoff o'i gilydd ers blynydde. Cael ffwc fach nos Fercher cynta'r mis ac yn cyd-fyw 'da'i gilydd achos 'sda nhw ddim byd gwell i' neud! (*Saib byr. Yna'n araf, emosiynol)* Ac un diwrnod, un diwrnod bydd un o' nhw farw, a fe sylwith y llall bo rhywbeth o'i le pan fydd hi'n ddiwrnod golch - bydd un hosan ne' flows ar goll. Ac wedyn...? (*Deigryn, cyn dechrau chwerthin yn manic, afreolus) 'And off they go into the wild blue yonder'.*

Mae ei grio-chwerthin yn araf ddistewi cyn i Os ddifrifoli ac adennill rheolaeth ar ei gyflwr emosiynol, bregus.

O: (*Yn bwyllog*) Welest ti Mona.

Peter: Do. Ddrwg gin i.

Os: Am beth?

Peter: Am dorri'r newydd. O'n i'n cymryd bo ti 'di deud wrthi.

Os: O'n i'n mynd i weud wrthi, yn 'yn amser 'yn hunan.

Peter: Gobeithio 'mod i ddim 'di gneud petha'n lletchwith.

Os: Yn fwy na ti 'di neud yn barod? 'Sa i'n ffycin meddwl rhywsut. Wyt ti?!

Golau i lawr ar y swyddfa. Codi'r golau ar yr ystafell fyw. Mae Os yn gosod y bocs esgidiau yn ofalus ar y bwrdd coffi, fel petai'n offrwm, cyn bagio'n ôl i eistedd yn ei gadair a syllu arno.

Os: Wnes i gario'r bocs yr holl ffor' gatre' fel 'sen i'n cario arch babi. Gyda phwrpas. Gyda pharch. A chalon drom.

Daw Mona i mewn. Mae ei gwisg yn un awgrymog, rhywiol. Nid yw Os yn ymateb ond mae ei goes yn dechrau symud i fyny ac i lawr yn gyflym.

Mona: 'Dwi'n mynd, Os. (*Dim ymateb*) Fydda i'm yn rhy hwyr. (*Dim ymateb)* Paid aros ar dy draed.

Mae Os yn parhau i syllu ar y bocs esgidiau.

Mona: Pam nad ei di allan? Ti byth yn mynd i nunlle. Ffonia Peter...(*mae'n sylweddoli ffolineb yr awgrym*) ...ne' rhywun.

Dim ymateb. Mae Mona'n cychwyn allan.

Os: Rho reswm i mi, Mona. Ne' esgus. Wy o leia'n haeddu esgus! I mi ga'l egluro 'tho'n hunan ble ti'n mynd.

Mona: Be' t' ishio i mi ddeud?

Os: Rhywbeth. Ond y gwir.

Mona: (*Saib)* 'Dwi'n mynd am bryd o fwyd.

Os: 'Da pwy?

Mona: Genod gwaith.

Os: Pam?

Mona: Pen-blwydd?

Os: Un arbennig?

Mona: (*Ailadrodd)* Pen-blwydd.

Os: *'Big 'O'?* Ugain? Deg ar hugain? Deugain?

Mona: 'Dwi'm yn gwbod.

Os: Wrth gwrs bo ti'n gwbod, Mona! Ma' hi'n ferch o'r gwaith, ma' hi'n cael ei phen-blwydd, felly faint yw 'i hoed hi?!

Mona: Tua 'r un oed a fi. 'Chydig dros ei deugain. Fodlon?

Os: 'Chydig dros ei deugain. (*Nodio'i ben*) 'Nôl y sothach ti'n ddarllen, ar ei '*sexual peak*', 'te.

Mona: (*Yn sarhaus*) Mi ddeuda i wrthi. Ga' i fynd rwan?

Os: (*Saib. Mae'n llonyddu*) Diolch. Diolch am neud yr ymdrech.

Mona'n cydnabod y 'diolch' cyn cychwyn gadael.

Os: Fydda i dala 'ma pan ddoi di'n ôl.

Mona'n oedi, mynd.

Clywir y ddifa'n canu aria ('Prés des ramparts de Séville' o 'Carmen' gan Bizet.) Mae'n agor y gliniadur. Trwy'r ffenestr fawr ganolig/ar y sgrîn gwelwn Mona'n ymddangos mewn silwét. Daw dyn ati - nis gwelwn pwy - ei chusanu'n dyner cyn dechrau ei dadwisgo'n araf.

Mae'r aria'n cyrraedd uchafbwynt wrth i'w gwisg ddisgyn i'r llawr. Mae Os yn cau'r gliniadur yn araf, fwriadol.

Diffoddir y golau'n araf i sain yr aria.

Llwyfan tywyll.

DIWEDD ACT 1

ACT 2

Llwyfan tywyll.

Codi'r golau'n sydyn. Mae Os yn eistedd yn ei wely. Mae ei gyflwr wedi gwaethygu, ei ymddygiad bellach yn pegynu o'r llonydd i'r eithafol fywiog, yn gorfforol ac ymenyddol. Mae codi a gwisgo'n ymdrech iddo.

Os: Mae pob bore bellach yr un peth sef cychwyn diwrnod hir, hunllefus arall. Diwrnod o ysgwyd ag ofan, diwrnod o hel meddylie a rheini'n cleisio'r pen. Mae pawb yn cael ambell fore o ddeffro'n whys drosto, cael pendro, poen yn y frest, teimlo'n ishel, ofan pob dim, meddwl bo'r byd ar ben...ond pan chi'n cael rheina i gyd 'r un pryd...(*Saib*) Wy'n casáu 'yn feddylie. Licen i 'sen i 'di galler 'u gadael nhw yn y gwely bob dydd ond mae'r bastards bach yn mynnu codi o 'mlaen i. Na, so nhw'n or-hoff o aros yn y gwely. Nid salwch tawel yw salwch meddwl - ma' fe'n salwch swnllyd yffernol, ei lais yn merwino clust rhywun wrth weiddi emosiynne' negyddol arna' i a'm harwain i fyd o ddifaterwch. A finne'n ddigon twp i wrando 'no fe. (*Saib*) Ac yn y cyfnode' gore', 'r o'n i'n edrych i bawb arall fel 'sen i'n hapus - yn siaradus, yn fwrlwm o fywyd - ond mae'r ened yn cysgu'n farwedd a'r galon yn gwaedu gan fil o anafiade. Pob diwrnod newydd yn ornest focsio, yn 'ngorfodi i ofyn cwestiynne' sylfaenol fel *'Beth yw ystyr hyn?' (Mae'n troi i edrych i gyfeiriad Mona)* A *'Pwy, bellach, yw 'ngwraig i?'*

Codi'r golau ar yr ystafell fyw lle mae Mona'n teipio ar ei gliniadur, er siom i Os. Yn ystod y canlynol mae'n dilyn ei drefn foreol arferol - twtio'r bwrdd, ogleuo'r jwg lefrith, mynd i nôl ei iogyrt, tywallt ei de.

Os: Ma' sêt y toiled i lawr.

Mona: (*Syndod, yn ddi-hid)* Ti'n siarad efo fi heddiw?!

Mae Os yn dewis ei hanwybyddu.

Os: Beth ti'n neud?

Mona: Tsiecio be' ydy'r tywydd.

Os: Os ti moyn gwbod beth yw'r tywydd, 'drycha trwy'r ffenest. 'Na beth ma' ffenest yn dda.

Saib byr. Mae Mona'n ciledrych arno.

Mona: Wyt ti dal i wisgo'r dillad 'na?!

Os: Ma' nhw'n lân.

Mona: Amdanat ers dros wythnos. Fel bod yn briod efo Noddy.

Mae Os yn ei hanwybyddu gan gyfeirio at y gliniadur.

Os: (*Adlais)* Cau hwnna, plîs. Dim amser brecwast - dyna gytunon ni.

Mae Os yn gafael mewn llythyrau.

Os: Beth dda'th heddi? Bilie', 'sbo. (*Dewis amlen frown*) A, 'ma ni - bil treth cyngor. Jest beth ma' rhywun ishie pan mae'r esgid fach yn gwasgu. Oes 'na unrhyw ddiwrnod yn mynd heibo pan 'd yw rhywun ddim yn cael ei drethu?! Goffod talu trw' dy din pan ti'n byta, yfed, gyrru, hedfan...symud tŷ, safio arian, gweitho...nid bo'r ola'n berthnasol i rai ohonan ni...hyd yn oed yn dy drethu di ar ôl cico'r blydi bwced a ma' hynny'n...

Mona: (*Ar ei draws*) Colin.

Os: Beth ymbytu fe?

Mona: Angen arian.

Os: 'To?!

Mona: Yndi.

Os: (*Yn sarhaus)* D'amseru di'n berffeth, Mona - ti wedi meddwl bod yn '*stand-up*'?!

Mona: Angen arian ar frys.

Os: Ody hwnna'n meddwl 'yn bod ni'n graig o arian?

Mona: Ma' 'hwnna'n' fab i mi.

Os: *(Dan ei wynt*) I ti, ody.

Mona: Be' ma' hynna fod i feddwl?

Os: (*Difaru)* Dim...dim, dim, dim...

Mona: A'n arian i fydd yn 'i gynnal o - (*adleisio*) dyna gytunon ni.

Os: Ti'n sbwylo'r crwt - drin e fel pwdl 'da annwyd. *(Saib byr)* Pryd ma' fe'n meddwl dod gartre'?

Mona: 'Na'th o'm deud. A wnes inna' ddim gofyn.

Os: Allwn ni...alli di...ddim 'i gynnal e am byth.

Mona: Ma' gin i rywfaint wrth gefn.

Os: Ac am ba hyd parith 'rhywfaint', Mona?! *(Saib byr)* Ody e'n gweitho?

Mona: Mae o'n chwilio am waith.

Os: Wel, pob lwc 'ddo fo weda i. Mwy o siawns yn 'i oed e nag yn f' oed i. Cyflogwr ddim yn gweld y cyflogedig ar ôl paso'r hanner cant.

Mona: (*Cysuro arferol*) Ddaw 'na rwbath rhyw ddiwrnod.

Os: (*Yn gwbwl ddi-argyhoeddiad*) O, daw, Mona, ddaw 'na rwbeth rhyw ddiwrnod, a bydd y Pab yn Fethodust Calfinaidd! (*Ogleuo'r jwg lefrith*) Ody'r llaeth 'ma'n iawn?

Mona: Berffaith ffres.

Os: (*Saib*) Wedes i 'thot ti 'mod i wedi gweld Roger ddoe?

Mona: Pwy Roger?

Os: Roger Thomas. O'dd o'n coleg 'dan ni.

Mona: 'Dwi'm yn gofio fo.

Os: Na finne'n iawn. Blwyddyn yn ifancach na fi. Od, on'd yw e, fel ma' rhywun yn cofio'r rheini o'dd yn henach na nhw ond ddim rheini o'dd yn ifancach. O'dd e'n edrych y dda.

Mona: (*Dim diddordeb*) O'dd o?

Os: O'i oed. Wedi britho tym' bach ond fel gwedodd e, 'Gwell newid ei liw na newid ei le!' Byw'n Llunden - (*Oedi*) '*The Big...Smoke*', ys gwedodd e.

Mona'n dechrau darllen ar ei thabled.

Os: Ti am ofyn i mi beth ma' fe'n neud 'no?

Mona: Be' mae o'n neud yno?

Os: Byd banco. Llwyddiannus iawn. Gneud tomen o arian. Ffaelu cysgu'r nos weithie', ddim yn gwbod beth i' neud 'da fe.

Mona: Ddeudodd o hynny 'that ti?

Os: O beth wy'n gofio, 'd o'dd Roger Thomas 'rioed yn un am golli cyfle i frolio'i hunan.

Mona: Swnio'n dipyn o ben bach i mi.

Os: Pen bach 'da pen mowr. A fe gwmrodd ddileit pan wedes i 'tho fo beth o'n i ddim yn 'i neud. 'Be' ti'n ddisgwl, Os, efo gradd yn y Gymraeg? Gradd Mici Mows', a wherthin fel 'se'r peth yn ddoniol. (*Saib byr)* 'Di priodi, 'fyd. Ddwyweth. Amlwg ddim wedi callio ar ôl tro cynta'.

Mona: (*Newid cyfeiriad y sgwrs*) Be ' ddo'th a fo ffor' hyn? Nid bod ots gin i.

Os: Gweld ei fam. Honno wedi ei rhoi mewn Cartre. Ffwndro. Pen wedi mynd. Ddim yn 'i nabod e. Ne' ddim ishie'i nabod e!

Mona: Ddaw o'n ôl ffor' hyn i fyw?

Os: Annhebygol. Ti'n gwbod beth wedodd e am fywyd yn y parthe hyn, Mona? Gweud bo fe'n rhy ara', bod dim digon yn digwydd 'ma. Rhy gul, glawstroffobig, pawb yn gwbod busnes pawb arall. '*Small town mentality*, Os' - dyna'i eirie' fe. Rhywun yn galler 'diflannu' yn y ddinas fowr. (*At Mona)* Paid ti cael dy siomi, wedes i 'tho fe - 'sneb yn gwbod beth sy'n mynd 'mlaen tu ôl i ddryse' caeëdig yn fan hyn 'chwaith.

Mona: (*Newid y pwnc, codi)* 'Dwi'n hwyr...

Os: Roiodd e'i garden busnes i mi. 'Ffonia fi pan 'dwi lawr nesa', Os, i ni ga'l mynd am lymaid.'

Mona: Rhaid i ti fynd.

Os: 'Sa well gin i gl'au nannedd 'da 'nghachu'n hunan na bod eiliad heb fod raid yng nghwmni'r twat yna. Mor ddauwynebog, ma' fe'n cymryd dwyawr i shafo!

Mona: Wel, ti sy'n gwbod.

Os: (*Edrych arni*) Ia, Mona. Fi sydd yn gwbod.

Mae Mona'n cychwyn i fynd a daw cwmwl o ansicrwydd dros Os.

Os: Pryd fyddi di gatre' heno?

Mona: Ffonia i di. Dim llawer o bwrpas dy decstio di. (*Mynd)*

Golau i lawr ar yr ystafell fyw.

Os: Ma' 'da pawb ofan rhwbeth. Bwci-bô, clown, Washi Bach, Siôn Corn...nos, tw'llwch...trawiad, cansar, marw...byw...a sa i'n eithriad. Ma' Ofn wastod 'da fi, yn crechwenu 'no i, yn gwmni gwael. 'Sa i'n rhy siwr os nes i gwrdda Roger y diwrnod hwnnw nac unrhyw 'Roger' arall, ond o'dd 'da fi ofan gneud.

Mae'n edrych ar y ffenest fawr lle gwelir llun o'r silwét a welir ar ddiwedd yr Act Gyntaf.

Os: Ond o'r holl ofne, yr ofan mwya' yw ofan wynebu'r gwir.

Codi'r golau ar ystafell y seiciatrydd. Mae perthynas Os a Dr King wedi newid gyda chymeriad ac agwedd Dr King bellach yn fwy sinicaidd, pryfoclyd a sarhaus.

Os: Wedes i wrthi taw gwastraff coed da o'dd llyfre, a fe wherthodd!

Dr: (*Yn sarhaus*) Llinell hynod wreiddiol, Oswald.

Os: (*Cywiro*) Hen fel pechod, ond gwreiddiol iddi hi! A saffach '*chat-up*' na gofyn 'Sat ti'n lico babi salw?' yn enwedig, wrth gwrs, o gofio bo 'da hi fabi salw'n barod. (*Egluro)* O'i phriodas gynta'. Colin. Col- in. 'Sa i'n gwbod beth dda'th drosti i roi shwt enw 'ddo fe - math o enw bydde rywun yn 'i roi i'w '*goldfish*'.

Dr: A faint ydy oed 'Colin'?

Os: Mewn oed pan ma' pob dim yn '*amazing*', '*awesome*', '*incredible*' a'n ffaelu rhoi dwy frawddeg gall at ei gily', ffobia mwya' yffernol am eirie Cymraeg.

Dr: Llofrudd geiria'.

Os: Ei geg o'n fynwant iaith. (*Yn chwerw*) A nawr ma' fe'n ben arall y byd yn gwario'n pensiwn ni, a'i etifeddieth e.

Dr: 'Dach chi'n agos?

Os: Bell o fod yn ddwy foch o'r un tin. Perthynas hyd braich. Brathu tafod. (*Egluro)* Cadw'i fam e'n hapus.

Dr: Pa mor amal 'dach chi'n siarad efo'ch gilydd?

Os: Dim ond pan bo rhaid. Cysylltu 'da'i fam ddwyweth, dair pob diwrnod. E-bosto, Skype, Facebook, Twitter...O, a ffôn pan ma' fe'n teimlo'n hen ffashiwn.

Dr: Magu plentyn rhywun arall yn anodd.

Os: Magu unrhyw blentyn yn anodd dyddie' hyn. Ca'l 'u sbwylo. Gwbod prish popeth a gwerth dim.

Dr: A na'th o 'rioed dy dderbyn di fel ei dad.

Os: Achos nid fi yw 'i dad e.

Dr: Chdi magodd o.

Os: Un o'r amode pan briodish i 'i fam.

Codi'r golau ar Mona'n y parc yn eistedd ar 'sedd garu', un gyda lle i ddau eistedd gefn-gefn â'i gilydd.

Mona: Dyna'r trefniant.

Dr: 'Sgin ti ddim plentyn dy hunan.

Os: (*Yn drist)* Na.

Dr: (*Gosodiad)* 'Sat ti wedi licio bod yn dad.

Mona: Gormod o ofn dwad ag Oswald bach arall i'r byd 'ma. Ofn bod yn dad gwael.

Dr: Oswald?

Os: Mm?

Dr: Fasat ti wedi licio bod yn dad gwaed?

Mae Os yn osgoi ateb ac yn edrych i gyfeiriad Mona.

Os: 'Sen i 'di siarad 'da 'mhlant. Dysgu gwerthoedd iddyn nhw. Rhoi canllawie.

Mona: Ti wedi bod yn dad da.

Os: Odw i?

Dr: (*Yn rhethregol*) A ti'n caru dy wraig.

Os: Ma'n rhaid bo fi. Cofio gweud wrthi...

Golau i lawr ar y syrjeri.

Os: .. Wy'n meddwl bo fi'n dy garu di.

Mona: Peth meddal yw meddwl.

Os: Gwbod, 'te.

Mona: 'Ngharu fi', 'nte 'mewn cariad' efo fi?

Os: Beth yw'r gwa'nieth?

Mona: 'Dwi'n 'caru' fy nghi - 'dwi ddim 'mewn cariad' efo fo.

Os: Wy'n mwynhau d' ogleuo di, edrych i fyw dy lyged.

Mona: (*Gyda phwyslais*) Nid syllu i lygaid ein gilydd ydy cariad, ond syllu i'r un cyfeiriad.

Mae Os yn cymryd ennyd i fwynhau'r diffiniad cyn eistedd ar y sedd garu, sydd yn golygu nad yw'r ddau'n syllu i'r un cyfeiriad.

Os: (*Gwên*) Wy ishie dy briodi di.

Mona: (*Yn gellweirus*) A difetha perthynas berffaith?!

Os: Fe fydda i'n ail ŵr da.

Mona: (*O ddifri*) Ac yn lys-dad.

Os: (*Oedi, yna)* Ie. Ac yn lys-dad. (*Saib*) Sa i ishie marw'n hunan, Mona. Bydda i angen rhywun wrth 'yn ngwely i, i anwesu'n llaw cyn f'anal ola'.

Mona: (*Yn gellweirus*) Rhamantus iawn!

Os: (*Yn ddwys*) Gonest. Bydd 'da ti dy fab. Bydd 'da fi neb.

Mona: (*Gwên)* Mi fydd gin ti fi.

Os: Ti'n addo?

Mae'r ddau'n ymestyn eu cyrff i gusanu, y penderfyniad i briodi wedi ei wneud. Ond eiliadau cyn i'w gwefusau gyffwrdd, codi'r golau ar ystafell y seiciatrydd a golau i lawr ar y parc.

Dr: Deuddeg 'mlynedd yn ôl.

Os: Pwy wedodd 'se hi ddim yn para?!

Dr: (*Gosodiad)* 'Dach chi'n ffrindia'.

Os: Y gore'.

Dr: A be' ydy 'ffrind gora''?

Os: Rhywun sy'n folon cario 'meic i ar ôl ca'l pynctiar.

Dr: A sawl pynctiar ti 'di gael, Oswald?

Os: Digon i'w neud hi'n ffrind gore'.

Dr: Felly ma' hi'n briodas dda.

Os: Ni'n deall 'yn gilydd.

Dr: Ydy hynny'n 'i gneud hi'n briodas 'dda'?

Os: Dealltwrieth yw sail pob perthynas dda. Dealltwrieth...aberth...ac angen.

Dr: A be' am ffyddlondeb?

Mae'r Dr yn sylwi bod hyn yn ysgwyd Os ychydig.

Dr: Deud 'tha i, Oswald, 'sgin ti ffydd yn dy wraig? Wyt ti'n 'i thrystio hi?

Os: (*Yn gwadu'r gwir*) Oes rheswm i mi...beido?

Dr: (*Yn ei wyneb*) Deud ti 'tha i.

Os: (*Yn or-amddiffynol, sensitif*) Ma' hi'n dod gatre' bob nos ac yn cysgu 'da fi, yn 'yn llofft i, yn 'y ngwely i - bob nos o'r diwrnod nethon ni briodi.

Dr: (*Yn bryfoclyd ond heriol*) Ti'n siwr? Berffaith siwr?

Mae Os yn cael pwl o ansicrwydd wrth wynebu'r gwir ac yn camu oddi wrthi.

Dr: Lle ma' hi'r eiliad yma, Oswald? Mm? Lle ma' hi? Ac efo pwy?

Golau i lawr ar ystafell y seiciatrydd. Clywir y ddifa'n canu aria ('Mon coeur s'ouvre á ta voix' o 'Samson et Dalila' gan Saint-Saens) yn yr awel ac mae Os fel petai'n dilyn y sain i'r ffenest fawr. Trwy'r ffenestr fawr gwelir Mona mewn ystafell wely ddiarth yn cael ei dadwisgo'n raddol, rhywiol gan ddyn. Nid yw'n amlwg pwy ydyw. Mae hi'n gorwedd ar ei chefn cyn i'r dyn ei charu - yn araf, dyner i gychwyn cyn datblygu'n garu gorffwyll. Cymysgedd o bleser a rheidrwydd yw ei phrofiad a'i phoen.

Wedi'r caru, mae'r dyn yn gadael swm o arian cyn gadael yr ystafell. Mae Mona'n edrych i fyw llygaid y camera fel petai'n edrych i fyw llygaid Os. Mae arlliw o gywilydd yn ei llygaid. Sain i lawr ar yr aria.

Golau i fyny ar yr ystafell fyw wrth i Mona ddychwelyd adref. Mae Os yn tywallt wisgi mawr iddo'i hunan.

Os: Ti gatre'n gynnar.

Mona: Yndw.

Os: Gynt nag o'n i' ddishgwl. Nosweth dda?

Mona: Am wn i.

Os: 'Am wn i'? O't ti yno.

Mona: Oedd. Noson dda.

Nid dyma'r ateb oedd Os yn dymuno'i glywed.

Os: Ga'i ofyn ble est ti?

Mona: Gei di ofyn.

Os: Siawns am ateb?!

Mona: (*Yn siomedig)* Ti wedi bod yn yfed...eto!

Os: Gwesty moethus 'nghanol dre', 'sbo. Pum seren. Gole gwan, canfase sidan, tapie aur a '*bidet'* i olchi dy ffff(ani*)*. Ble o't ti, Mona? Gwed 'tho i.

Mona: 'Dwi'm yn cofio.

Os: (*Yn flin*) Ond ti'n cofio ble'r o't ti Awst yr unfed ar bymtheg, mil naw saith saith, o'nd 'yt ti?! Ti'n cofio ble'r o't ti pan na'th Elvis farw wrth gael cachad felly siawns na alli di gofio ble'r o't ti ffycin awr yn ôl!

Nid yw Mona'n dymuno trafod.

Mona: Wela i di'n bora. (*Cychwyn mynd)*

Os: Ateb fi!

Mona: A rho sêt y toiled lawr.

Os: (*I'w hatal*) Ffonodd Colin!

Mona: (*Yn poeni)* Ydy o'n iawn?

Os: Wedodd e ddim yn wahanol. *(Sipian ei wisgi*) Fe ofynnodd ble o't ti.

Mona: (*Yn nerfus*) Be' ddeudist di?

Os: Y gwir.

Daw ofn i lygaid Mona.

Os: Bo ti 'di mynd mas. 'Da 'ffrind'. O'r gwaith.

Saib. Mae Mona'n ymlacio o glywed hyn.

Os: A'n rhyfeddol iawn fe geson ni ryw fath o be' 'set ti'n alw'n 'sgwrs'. Rhwng seibie. Hir.

Mona: Falch o glywed.

Os: O'dd 'da fe newydd da i ti, 'fyd. Ma' fe 'di penderfynu ymestyn ei flwyddyn gap.

Mona: (*Yn poeni)* Ymestyn? Am faint?!

Os: Whech mish. 'Falle mwy. 'M ond gobeitho bo nhw'n talu'n dda sha'r llyfrgell 'na, tra bydd shwt beth a llyfrgell yn bod! (*Adlais sarhaus*) 'Symud 'da'r oes', on'd yfe, Mona?

Mona: (*Yn ceisio cuddio'i hansicrwydd)* Mi fyddwn ni'n iawn.

Os: 'Ni', Mona? Ac ers pryd yn ni'n dou'n 'ni'?

Mae Mona wedi ei llorio i raddau.

Os: Holes i am y cariad newydd, 'fyd, honno o't ti fod sôn amdani 'tho i. Swno'n ferch hyfryd iawn. 'Bach o flew dan ei thrwyn a modfedd ne' ddou o goc rhwng ei choese', ond digon dymunol.

Mona: *(Ddim un deall)* Modfedd neu ddau o goc?!

Os: Ofni shwt bydden i'n ymateb, ife? Y llys-dad mud, meddw, ecstatig, niwrotig, a nawr homo- ffycin-ffobig!

Mona: Am be' uffar ti'n rwdlian?!

Os: A finne'n meddwl 'yn bod ni fod i rannu pethe', rhannu'r baich er mwyn haneru.

Mona: Tydi'r mater ddim *yn* 'faich' achos...!

Os: Nag yw! Yn gwmws! 'Dyw e ddim yn faich, Mona! (*Yn ymbwyllo*) Fel gwedest ti, mor belled â'i fod e'n hapus, 'na beth sy'n bwysig, on'd yfe? (*Mae'n llowcio'i wisgi ar ei ben.)*

Mae Mona'n edrych arno ac yn penderfynu peidio treio egluro'i ddryswch.

Mona: (*Ochenaid amyneddgar)* Ia, Oswald. Dyna sydd yn bwysig. (*Mynd)*

Mae Os yn syllu ar ei wydr wisgi gwag.

Os: *(Yn sur)* '*Mona has left the building.'*

Golau i lawr ar yr ystafell fyw. Codi'r golau ar ystafell y seiciatrydd.

Dr: (*Adleisio)* Lle'r a'th hi?

Os: Sa i'n gwbod.

Dr: Ac efo pwy?

Os: Sa i'n gwbod.

Dr: Ond ma' gin ti ots?

Os: (*Yn drist*) Sa i'n gwbod.

Dr: (*Yn sarhaus)* 'Ych 'trefniant' chi'n amlwg ddim yn gweithio bellach.

Os: Hi o'dd yn iawn.

Dr: Cadw cyfrinacha'?! Celu'r gwir?!

Os: O'dd 'da fi'm hawl i ofyn.

Dr: Er bod chdi'n ŵr iddi?! Ti'n wan, Oswald - yn wan ac yn gwbwl ddiasgwrn cefn.

Os: (*Yn amddiffynol*) Ond yn driw i'r hyn gytunon ni! Hi, a fi! Ni'n deall 'yn gilydd!

Golau i lawr ar ystafell y seciatrydd. Golau i fyny ar yr ystafell fyw.

Mona: Ti 'di prynu telifision?!

Os: (*Yn gwbwl ddwys*) *A* jar o fitrwt!

Mona: Sneb yn licio bitrwt yn y tŷ 'ma, a ma' gynnon i delifision!

Os: Ma' 'da ni ddwy!

Mona: Hollol!

Os: (*Egluro'n llifeiriol)* Ma' 'da hon sgrin fowr, ffenest i'r holl fyd - gweld pwy sy'n fyw, yn farw...ble ma' bwyd, newyn...ble ma' heddwch, rhyfela...plant bach duon yn gorwedd mewn mwd a chachu, yn cnoi pryfed a pob un ohonyn nhw ishie bod yn ffycin ddoctor!

Mona: Mi brynist ti un dri mis yn ôl!

Os: Brynes i beint o laeth ddoe, so 'nna'n golygu cha' i ddim prynu un arall heddi!

Mona: Tri mis, Oswald!

Os: Sy'n golygu e' bod hi'n hen ffashiwn nawr. Technoleg wedi symud 'mlaen mewn tri mish, Mona!

Mona: Meddai'r dyn sy'n defnyddio morthwl i newid plwg!

Os: *(Mae'n cythru i bamphledyn)* Allwn ni brynu'r pacejis i gyd - ffilmie', chwaraeon, hanes - beth bynnag t' ishie!

Mona: Gwastraff arian 'di'r rheini medda chdi!

Os: Os yw'r arian 'da ti, gwaria fe! Sa i ishe bod y corff cyfoethoca'n y fynwent!

Saib. Mae Mona'n edrych yn dyner arno.

Mona: Oswald...

Os: Ac ma' 'da fi syrpreis bach arall i ti.

Mae'n mynd i'w boced ac estyn cês modrwy.

Os: Nadolig llawen!

Mona: Mis Tachwedd?!

Os: 'Dolig yn dod yn gynt bob blwyddyn! Ne' 'ben-blwydd hapus' !

Mona: Saith mis yn ôl!

Os: Anifyrsari?

Mona: Tri mis....*(yn ôl)* !

Os: *(Yn flin, rhwystredig)* Dydd Sul, Llun, Mawrth, Mercher, Iau, Gwener, Sadwrn, beth-bynnag-ffwc-yw-hi hapus, ' ta!

Mae Os yn agor y bocs.

Os: Drycha! Digon o garots i gynnal Bugs Bunny am oes! A fe ffitith hi am dy fys fel croen sosej.

Mae Mona'n gwybod bod hwn yn un o'i ddyddiau drwg.

Os: Wel? Ti'n lico hi?

Mona: *(Rhywbeth i'w ddweud)* Hyfryd.

Os: *(Fel petai'n cyfarch plentyn)* A beth ti'n weud?

Mona: Diolch. Yn fawr.

Os: A 'fory wy'n mynd i fwco gwylie' i ni, y criws 'na o't ti wedi freuddwydo amdani.

Mona: Criws?!

Os: O gwmpas ynysoedd y Caribî, cychwyn ym Mhuerto Rico...

Mona: (*Ar ei draws)* Iawn, 'na ddigon! Dim mwy!

Os: Ond ma' 'na...

Mona: Dim mwy, ti'n clywad?!

Os: (*Yn wan)* Beth wedes i?

Mona: Fydd 'na ddim criws, Oswald! Dim criws, dim gwylia'! Dallt?!

Os: Ond beth am dy freuddwyd di? Ma' 'da pawb hawl i'w freuddwyd.

Mona: Ma' gin pob breuddwyd 'i phris. Allwn ni ddim fforddio breuddwydio!

Os: Dim ond arian yw e, papur, rhif ar bapur.

Mona: A dos â hon (*modrwy)* a honna (*teledu)* yn eu hola' - heddiw!

Os: (*Yn protestio)* Ond wy wedi prynu nhw nawr, alla' i ddim mynd â nhw'n ôl a...

Mona: Oswald! Stopia! Plis! Jest stopia! (*Yn ymdawelu)* Ti'n 'y nychryn i.

Os: Dy ddychryn di? Fel...fel Siôn Corn yn Woolworth 'slawer dydd?

Mona: Be' wyt ti wedi neud? Be' ti yn neud? Be' sy'n bod?

Saib byr, cyn i Os amddiffyn ei ymddygiad trwy ymosod yn ffyrnig.

Os: Beth sy'n bod?! Beth ti'n feddwl 'be' sy'n bod'?! Sdim byd yn bod! Ac os oes 'na rwbeth yn bod 'dyw e ddim yn bod arno' i, achos ma' beth sy'n bod - a ma' 'na bethe' yn bod - ma' nhw'n bod ar bobol er'ill, Mona! Nid arna' i, ti'n deall - nid arna' i!

Saib hir. Mae Os yn sylweddoli ei fod wedi gorymateb. Mae Mona'n mynd i gyffwrdd yn ei law ond yn penderfynu peidio, neu'n methu.

Mona: Dos â nhw'n ôl. Heddiw.

Os: *(Yn pathetig)* A'r jar fitrwt?

Golau i lawr ar yr ystafell fyw. Codi'r golau ar y swyddfa.

Mae Os yn camu i gyfeiriad y swyddfa. Er ei fod yn ymdrechu i fod yn gwrtais, nid yw Peter yn falch o'i weld. Mae'n amlwg taw nid hwn yw ymweliad cyntaf Os â'r swyddfa ers gadael ei waith gyda'r sefyllfa'n cael ei hailadrodd.

Peter: Os! A be' ddo'th â chdi ffor' hyn tro yma?

Os: *(Yn ysgafn)* Creda ne' beido, pâr o 'sgidie'! Bwysig gwario ar ddou beth mewn bywyd, Peter - gwely a phâr o 'sgidie' achos...

Os/Peter: Os ti ddim yn un, ti yn y llall! (*Ddau'n chwerthin*)

Os: Gwmws! Falch bo fi 'di dysgu rhwbeth i ti!

Peter: O, 'dwi'n hen gyfarwydd bellach â dy 'jôcs' ben bora di.

Os: Neu 'falle bydde 'dywediad ffraeth' yn well disgrifiad. Saffach na jôc. Pawb ddim yn rhannu'r un hiwmor, t'wel - beth sy'n drasiedi i

	un yn gomedi i'r llall. Trasiedi yw bywyd yn agos, comedi yw bywyd o bell.
Peter:	(*Yn gynnil sarhaus*) Dysgu rhywbeth newydd bob dydd!
Os:	*(Arogli)* Ogle' mwg 'ma.
Peter:	(*Meddwl am reswm*) Rhywun wedi bod yn llosgi perth tu allan, Os, a finna' wedi gadael y ffenest ar agor.
Os:	(*Cywiro)* 'Wedi' agor. Os yw ffenest 'ar' agor mae'n golygu 'i bod hi ar gau achos mae 'ar' agor yn golygu 'ar fin' agor.' Byd gwa'th na blydi arwydd yn ffenest siop yn gweud 'Ar Agor' a honno wedi agor achos ma' hynny'n gelwydd noeth! Dyliet wbod 'nny, cofia, a tithe'n gyfieithydd...un sy' dala mewn gwaith.
	Mae Os yn mynd i edrych trwy'r ffenestr.
Peter:	Ti'n hollol iawn. Dyliwn wbod yn well. Gwranda, ma' gin i...
Os:	*(Ar draws*) Gweld bo fe 'di cwpla.
Peter:	Pwy?
Os:	'R hen ddryw bach. Fishi wrthi'n adeiladu cartre' iddo'i hunan tro diwetha' o'n i 'ma.
Peter:	(*Yn sarhaus*) 'Ar' adeiladu ei nyth, fel 'tai.
Os:	(*Yn ei anwybyddu*) Adar, Peter. Un o ryfeddode' prin y byd 'ma. Gweld nhw bob dydd, ma' rhywun yn 'u cymryd nhw'n ganiataol. (*Cyfeirio)* 'I nyth e wedi ei bensaernïo'n berffeth heb bensal, heb bapur...(*at Peter*) na chyfrifiadur. Pob gwelltyn yn ei le, wedi ei blethu'n dynn gan law natur. Faint ohonon ni sy'n galler adeiladu'n cartrefi 'yn hunan, e? (*At Peter*) Sawl un o' ni'n rhy fishi'n 'u whalu nhw.

Mae Peter yn teimlo ei fod yn darged i'w saeth.

Os: Ynys Sgomer. Fuest ti yno 'rioed?

Peter: Naddo.

Os: Dylet ti fynd. Cartre'r '*manx shearwater*'. Y '*puffinus puffinus*'.

Peter: (*Dim diddordeb*) Rhyw fath o '*buffin*'.

Os: Perthyn dim iddo, 'mond trw' enw. Fel fi a'm llys-fab. Col-in. Mae'n cael ei eni mewn nyth sy'n dwll pridd, un o filo'dd o dylle pridd...y '*puffinus puffinus*', nid 'yn llys-fab...a mor gynted â ma' fe'n ddigon hen i hedfan mae'n ymfudo'r holl ffor' i gyffinie' Brazil ac yn aros 'no am bum mlynedd.

Peter: (*Treio cynnal sgwrs*) Alla i feddwl am lefydd gwaeth.

Os: (*Anwybyddu*) Ac wedyn ma' fe'n hedfan 'r holl ffor' gatre' - a pan wy'n gweud 'gatre' wy'n golygu nid yn unig i'r un cyfandir, yr un wlad, yr un filltir sgwâr ond i'r union, yr union dwll pridd lle cas e'i eni - whech modfedd sgwâr yng nghanol miloedd o dylle tebyg - i fagu ei deulu. (*Pwysleisio)* I fagu ei deulu. Nawr, so ti'n meddwl, Peter, bod hynna'n rhywbeth rhyfeddol?

Peter: Ydy. Rhyfeddol.

Os: Shwt yffarn ma' fe'n neud 'nna, e? Gwed 'tho i. Rhai o' ni'n cael jobyn ffeindio'n ffor' gatre' ar ôl ca'l llond bola ar nos Sadwrn.

Saib. Mae edrychiad Os yn cornelu Peter, sydd bellach yn teimlo'n anghyfforddus yn ei gwmni.

Os: Ti ishe gwbod shwt ma' fe'n ffeindio'i ffor' gatre'? Wyt ti?

Nid yw Peter yn ymateb.

Os: Weda i 'thot ti shwt ma' fe'n ffeindio'i ffor' gatre'. Mae 'na rhyw dynfa'n perthyn i 'gatre'. 'Gatre' yw'r cyfarwydd. Y saff. Y diogel. Porthladd mewn storom, Peter, a phob ffycin ystrydeb arall alli di feddwl amdani. A 'd oes 'na 'r un ohonon ni ishie colli 'gatre'.

Mae Os yn ailedrych trwy'r ffenestr.

Os: Shwt ma'...?

Peter: (*Hen broblem*) Mel?!

Os: Ia. Melody.

Peter: (*Cywiro'n ddiamynedd*) Melanie. Mel-an-ie.

Os: (*Yn adleisio*) Cofio'i fod o'n odli 'da 'harmoni '! 'Da ti ti wraig siort ore'n fan'na. Bwysig dewish gwraig mewn gole da, fel 'set ti'n dewish siwt. Cofio ato' i ?

Mae hon yn hen sgwrs rhwng y ddau ac mae Peter yn ceisio osgoi ailadrodd.

Peter: Yndi, Os - yn gynnes. Gwranda ma' gin i gyfarfod yn...

Os: (*Ar ei draws*) Cofia finne' ati hithe'. Yn 'gynnes', nei di? *(Saib)* Ers faint ych chi'n...?

Peter: (*Gorffen ei frawddeg*) Briod? Dal 'r un faint ag wythnos ddiwetha'. Dros ugain 'mlynedd.

Os: Cymaint â hynny?! Ti 'di paso'r prawf '*seven year itch*' deirgwaith, 'te! Congrats. Ti'n dderyn prin dyddie' hyn.

Peter: Yndw, yn amlwg.

Os: Ac yn un sy'n dala i ffeindio'i ffordd gatre'. Ti *yw'r 'puffinus puffinus'*! Pwy wedodd 'se hi ddim yn para?

Peter: Chdi.

Os: Pryd?

Peter: Diwrnod y briodas. Yn d'araith.

Os: Wnes i areth yn dy briodas di?!

Peter: Ti o'dd y gwas.

Os: Y gwas?!

Peter: Brynist siwt newydd i fatshio dy dei.

Os: (*Yn cogio cofio*) O, do...do, ti'n iawn. Fi. O'dd. Y. Gwas. (*Chwerthin, yna sobri*) O'dd hi'n areth dda? Wnes i ddechre' 'da jôc, gweud ffraeth?

Peter: 'Dwi'm yn cofio.

Os: Ti'm yn 'cofio'?!

Peter: Dros ugain 'mlynedd yn ôl?!

Os: Ond siawns bo ti'n cofio llinell agoriadol areth y gwas!

Peter: Fel deudish i, mi'r o'dd hi'n...

Os: (*Clicio'i fysedd*) Y llinell am y cwîn, ife? 'Mae bod yn was priodas fel mynd i'r gwely 'da'r cwîn - anrhydedd, ond 'sneb ishe'i neud e!' *(Chwerthin)*

Peter: *(Yn penderfynu cytuno)* Honno o'dd hi! Doniol !

Os: A ffraeth, Peter - doniol a ffraeth! Lwcus yffernol bo fi'n gwisgo corset diwrnod 'nny ne' bydden i 'di hollti! *(Chwerthin, yna sobri'n sydyn, twtsh o banic)* 'Nes i gofio'r fodrwy?

Yn ddiamynedd, mae Peter yn dangos ei fodrwy blaen.

Peter: Dal ar 'y mys i.

Mae Os yn cythru i law Peter ac yn cymharu eu modrwyau plaen.

Os: 'Er gwell neu er gwaeth, e!' (*Yn sylwi ar rywbeth*) Jiawl, 'na beth od! Drycha! Ma' 'da ni'n dou fodrwye yn union 'r un peth! Plaen - fel 'yn hwynebe ni!

Mae Peter yn gweithio ar ei gyfrifiadur.

Peter: Modrwya' plaen yn gyffredin, Os. Ffasiynol iawn o bryd i'w...(gilydd)...

Os: (*Ar draws)* Cofio diwrnod y briodas nawr - (*yn dyfynnu*) 'yr angladd dyn byw'! Cofio'r dail fel gwa'd dan dra'd. Hydref o'dd hi.

Peter: (*Cywiro*) Gwanwyn.

Os: Haul ar y fodrwy.

Peter: Piso bwrw.

Os: Capel yn orlawn, hithe' mewn gwyn.

Peter: Teulu a ffrindia', yn y Rejistri. Hufen. (*Egluro)* Disgwl.

Saib byr. Mae Os yn sylweddoli ei fod wedi anghofio'r cwbwl ac yn ceisio ysgafnu'r sefyllfa.

Os: *(Sioc)* Dy gariad 'di llyncu pry'?! 'Di rhoi'r garreg yn drol?! (*Saib, yna bywiogi*) Wel...mi ffycin withodd! Dala 'da'ch gilydd, dros ugen mlynedd! '*Puffinus puffinus*'! Rhyfeddol! (*Chwerthin)*

Nid yw Peter yn ymateb ac mae chwerthin Os yn ymdawelu'n raddol. Saib annifyr.

Os: (*Yn ailadrodd*) A shwt mae'r wraig? Melody?

Diffodd y golau'n sydyn ar y swyddfa. Codi'r golau ar ystafell y seiciatrydd.

Dr: O't ti ishio deud rhwbath 'tho i. Rhwbath pwysig. O bwys.

Os: Swper.

Dr: Swper?

Os: O'n i'n meddwl bo fi'n dy fwyta di neithwr.

Dr: 'Mwyta i?

Os: Tsienis. *'I'll have number forty-seven with boiled rice!'...'Forty seven'* - pam gweud rhif, pam ddim jest gweud y blydi enw, ta beth 'na ble'r o't ti - ar 'yn blât i - llyged mowr yn edrych arna' i, yn crefu 'no i beido dy fyta di! Fe weiddes yn uchel wrth Mona, 'Ffor ffyc sêcs alla' i'm byta Dr King?!' Pawb yn troi i edrach 'no i - walie'n dechre sibrwd - a fe dwles y bwyd ar lawr, carped yn nofio 'da'r creaduriaid. Yna fe ofynnodd Mr Wong - yn ddigon caredig - i mi...i ni...adael, a fe 'naethon ni. (*Ochenaid)* 'D o'dd Mona ddim yn hapus iawn. Ma' hi'n lico '*king prawns*'.

Saib byr. Mae Os fel petai'n sylweddoli gwallgofrwydd y digwyddiad.

Os: (*Yn cyhuddo*) Wy moyn ateb. Wy'n mynnu cael ateb!

Dr: A'r cwestiwn?

Os: Pam?!

Dr: (*Gwên*) Y cwestiwn bach mawr.

Mae Dr King yn dechrau chwarae gyda'r iPad.

Os: ...(*Yn flin, llifeiriol*) Gewn ni plîs drafod hyn?! Pryd ti'n cwpla dy waith heno, gewn ni fynd am bryd o fwyd, Tseinis, syniad da, bwysig creu perthynas, na paid â bod yn dwp wna i ddim dy fyta di, oes rhywun wedi gweud 'thot ti bod du'n dy siwto di - wel, ma' fe, bendant - neud i ti edrach yn deneuach, nid bo ti'n dew, ma' 'da ti wên hyfryd, fel y Mona Lisa neu gyflwynydd rhaglenni plant, a ma' 'da ti gorff yffernol o smart, noeth ar 'y ngwely i, ta beth, beth am anghofio bo fi 'ma, ife, wedi'r cwbwl beth yw tym' bach o wallgofrwydd rhwng ffrindie'?!

Dr: Ti'n amddiffynnol.

Os: *(Yn araf, fygythiol)* Ac ers pryd ma' gweud beth sy' ar 'yn ffycin feddwl i'n 'amddiffynnol'?!

Golau i lawr ar ystafell y seiciatrydd. Golau i fyny ar yr ystafell fyw. Mae Mona'n disgwyl amdano.

Os: (*Wrtho'i hunan yn llifeiriol)* Nid bod yn 'amddiffynnol' yw cerdded mewn trw' ddrws rhyw gwac sy'n holi holi holi i weld os odw i 'di mynd off 'yn ffycin ben. Wel wy ddim wedi mynd off 'yn ben - 'nghorff i yw hwn, 'mhen i yw hwn, ga' i neud ta beth wy ishe'i neud 'da fe, ac os oes rhywun yn treial 'yn stopo i fe af i â'r mater i'r feri top at bobol mewn siwtie, a conan, a gweld os oes rhywun, rhywun yn gwrando! A oes rhywun yn ffycin gwrando?! Nag oes! Neb! Neb! Ne-!

Mona: (*Ar ei draws*) 'Dwi'n gwrando!

Mae Os yn ymdawelu'n syth ac yn syllu arni. Ceir edrychiad hir rhwng y ddau. Yna mae Os yn teimlo rhyw egni rhyfeddol trwy'i gorff.

Golau i lawr ar yr ystafell fyw. Golau i fyny ar y swyddfa.

Os: (*Yn flin)* Napoleon! Ar hwnnw mae'r bai! Ffycin Napoleon!

Peter: (*Yn sarhaus*) Bora da, Os.

Os: Paid byth, byth â thrysto dyn 'da coese' byr achos ma' i frên e rhy agos i'w din e! (*Pwyntio at ei ben*) Mentaliti a '*psyche*' y dyn bach! Corrach! 'Se fe'n goc i gyd bydde fe fowr o beth!

Peter: Heb anghofio'r 'giwed ddi-ddysg' arall 'na - y 'ffycin Americans'!

Os: (*Oedi ennyd, yna)* Shwt o't ti'n gwbod 'nny?

Peter: Mi ddeudist di 'tha i.

Os: Pryd?

Peter: Ddoe.

Os: (*Wedi drysu)* O'n i 'ma ddo'?!

Peter: Ac echddoe. *A* phob diwrnod arall wsnos yma!

Os: (*Ennyd, yna*) Wel...Mae'n rhaid bo fe'n wir,'te! Ti bown o fod wedi sylwi dy hunan! Yn y dre', parc, strydo'dd, llwybre, ma' pawb yn cerdded ar yr ochor rong! So hynna'n dy hala di'n grac?

Peter: Dim cymaint a chdi, mae'n amlwg!

Os: Ers cyfnod y Rhufeiniaid, Peter, ni wedi cerdded ar yr ochor chwith - nid y dde, y chwith! Canol Oesoedd - reido ceffyl ar yr ochor chwith er mwyn neud yn siwr bo'r cleddyf yn dy law dde! Gwneud perffeth synnwyr! Ond heddi?! Ma' ffycin pawb ochor rong, ac yn waeth na hynny yn dishgwl i mi - i mi, sydd ar yr ochor iawn - dishgwl i mi symud i'r ochor arall! Ble mae'r synnwyr yn hynna, e?!

Peter: (*Yn golygu Os)* Gwneud, dim, synnwyr, o gwbwl!

Os: Gwmws! Diolch yn fowr! '*So have a nice day!' a 'Merci, petit twat!*

Saib. Mae catharsis Os ar ben ac wedi sugno llawer o'i egni.

Os: Shwt ma' Melanie?

Peter: (*Chwerthin)* Mi gofist 'i henw hi!

Os: *(Yn flin)* Shwt ma' hi?!

Mae Peter yn nodi tôn bygythiol ei lais.

Peter: Ma' hi'n iawn.

Os: Dim ond 'yn iawn'?

Peter: Ia. Iawn.

Os: Ma' 'dat ti fenyw dda yn fan'na.

Peter: O't ti'n deud.

Os: Ffyddlon. Dangos parch shag atot ti. Ddim yn llosgi'r tost yn bore, ddim yn gofyn iti ddarllen barddonieth wrth ffwrcho...Rhai pobol ddim yn gwybod 'u geni.

Peter: Be'... (t' ishio?)

Os: Er, mae 'na shwt beth ag anffyddlondeb da. Gall affêr lwyddiannus achub priodas - gwneud dou'n hapusach na fydden nhw petai pethe'n aros 'r un peth. Creu cyflwr byw perffeth - bod yn rhydd ac yn saff 'r un pryd. Neu, wrth gwrs, creu '*Catch 22*', achos mwy rhydd yw rhywun, llai saff; mwy saff, llai rhydd. Beth ti'n feddwl, Peter?

Mae Peter yn teimlo bo'r saeth yn anelu ato ef yn bersonol.

Peter: Wnes i 'rioed feddwl am y peth.

Os: (*Yn ffug synnu*) Naddo? Werth meddwl am y pethe' hyn, t'wel. Ffaith bo rhywun yn oedi i feddwl am yr hyn sy'n digwydd yn 'i fywyd yn arwydd bod rhywbeth yn digwydd.

Mae Peter yn dewis peidio ymateb cyn i Os finiogi'r dôn.

Os: Gwed 'tho i, wy ishe gwybod, wyt ti'n rhoi un iddi?

Peter: E?!

Os: Wyt ti'n rhoi tro'n 'i phwdin hi, Peter?!

Peter: Pwy?!

Os: Ti'n gwybod yn iawn pwy!

Peter: Fy ngwraig?!

Os: Lara...Sara...

Peter: Cara?!

Os: Cara, Lara, Sara, wyt ti'n 'i ffwrcho hi?!

Peter: (*Yn bendant*) Nac'dw!

Os: Ers pryd?

Peter: Ers pryd be'?!

Os: Ers pryd wyt ti'n 'i ffwrcho hi?

Peter: Os, plîs...

Os: Ers ffycin pryd?! Ers iddi gael y swydd neu cyn iddi gael y swydd?! 'Yn swydd i!

Peter: Tydi hyn ddim yn deg.

Os: Tydi Bywyd ddim yn deg - cyn, ydw i'n iawn?! Ydw i'n iawn*?!*

Nid yw Peter yn ymateb.

Os: (*Yn dawelach*) Sy'n egluro pam ma' hi'n 'y nghader i, wrth 'y nesg i, yn neud 'y ngwaith i.

Mae rhyw dinc o euogrwydd yng ngwadiad tawel Peter.

Peter: Tydw i ddim yn cysgu efo hi. Wnes i 'rioed gysgu efo hi.

Mae Os yn edrych arno, ddim yn ei gredu.

Os: A ti ddim yn un da ar jiawl am weud celw'dd! Wy'n gwbod 'nny, ma' dy wraig yn gwbod 'nny, a ma' dy blant yn gwbod 'nny!

Mae Peter yn gwrthod ymateb.

Os: (*Gwên)* Mor ddiniwed, on'd 'yt ti?! 'Set ti ddim yn parco ar linell felyn ar 'Sul. Ond 'na fe, glana'i dafod, butra'i din. *(Yn dawelach)* Ar ôl i'r affêr gwpla - a fe neith hi - ar ôl iti gau sip dy drowser, ishte'i lawr a meddwl, fe sylweddoli di beth sda ti i'w golli. Ond 'falle bydd hi rhy hwyr, a bryd hynny, ar dy din yn y gwter, fe fyddi di'n edrych 'mlaen i hôl dy blentyn o'r steshion yn d'awr gino!

Mae Peter yn ysgwyd ei ben, yn gwrthod derbyn y cyhuddiad.

Os: 'Bach yn hwyr ond ma' 'na un wers bwysig i'w dysgu, Peter. Paid byth â phriodi menyw alli di ddim 'i hysgaru.

Peter: Gofia i, Os. Tro nesa'.

Saib. Yna, mae Os yn sirioli, gan newid y cywair yn llwyr.

Os: (*Gwên)* Gweld dim bai 'not ti, cofia. 'Sen i bythefnos yn ifancach 'sen i 'di treial mynd i'w thwll pleser 'yn hunan. Merched ifanc heddi lot pertach na merched 'yn cyfnod ni. Saith dege', o'dd rhaid mynd â nhw mas ar djiaen ar ôl iddi d'wllu! (*Gwên drist*) Rhan fwya' o ddynon ar 'u gwely ange yn difaru dou beth - gadel gormod o arian yn banc i rywun arall fwynhau'i wario, a peido clywed mwy o 'ogla'r ddwr' yn ystod 'u hamser prin ar y ddaear 'ma. Ti sy'n iawn. Rhannu'r had tra gall rhywun. Dim rihyrsal 'di bywyd.

Mae'n cychwyn mynd, stopio.

Os: Cofia fi at...

Mae Os yn codi ei ysgwyddau, yn amlwg wedi anghofio'i henw hi, eto fyth. Mae'n gadael y swyddfa.

Golau i lawr ar y swyddfa. Golau i fyny ar yr ystafell fyw.

Mae Mona'n eistedd wrth y bwrdd cyn i Os ymuno â hi.

Saib hir - dewr o hir - mor hir ag sydd bosib cyn iddo fynd yn saib diflas, aneffeithiol. Mae'r ddau'n edrych ar ei gilydd, yn berffaith llonydd, ar draws y bwrdd.

Gwneir symudiadau cynnil, pwrpasol, ystyrlawn er mwyn torri rhywfaint ar y llun llonydd. Fel petai'n chwarae gêm o wyddbwyll, mae Os yn cywiro patrwm y bwrdd trwy roi'r pot halen wrth ymyl y pot pupur ('figurines' o ddyn a dynes yw'r potiau halen/pupur.) Dyma eiliadau 'High Noon' y ddau.

Ar ôl o leiaf munud llawn o brin ddim yn digwydd, mae Os yn sipian llwnc mawr o wisgi cyn gosod y gwydr yn ôl ar y bwrdd.

Os: (*Yn dawel, ingol)* Wy'n gwrando. Wy ishie'i nabod hi, Mona. (*Cywiro)* Ei hadnabod hi.

Mona: A thorri'r dealltwriaeth? Y rheolau?

Os: 'Does dim rheole' yn fan hyn (*pen*) bellach. (*Yn erfyn)* Plîs?

Mona: *(Saib)* Canol oed. Priod. Anhapus.

Mae'r gair olaf yn siomi'r ddau ohonynt.

Os: Cer 'mlaen.

Mae'r araith yn anodd i Mona ond mae'n ennill hyder wrth fynd rhagddi.

Mona: Gwisgo blows dynn, awgrym o *'gleavage'*, sgert ledar ddu wedi hollti 'dat 'i chluniau a 'sgidiau sodlau uchel. Dynes efo anghenion, un a ddeffrodd un bora a sylweddoli ei bod hi'n yfed yn y '*last chance saloon'*. Angen newid, cyfarfod rhywun gwahanol. Dim ond dros dro, dim byd parhaol. Mynd ar wylia' o'i diflasdod. 'D oedd hi ddim yn hawdd cyfarfod rhywun o'i hoed hi felly mi a'th ar y wê - hanner awr y dydd ar y dechra', wedyn awr...dwyawr. Siarad, fflyrtio, tynnu coes. Ond dim gwŷr priod, ac yn sicir dim pyrfyrts - ma' gini hi ei safonau. A 'd oedd hi'm isio rhyw hen lol o fynd am ddiod, pryd o fwyd a noson yn y theatr. Na, yr unig beth oedd hi isio o'dd rhyw heb fagej. Perffaith.

Mae hi'n edrych ar Os ac mae yntau'n nodio'i ben i ddweud wrthi gario 'mlaen.

Mona: 'D oedd dim prinder o gynigion. 'Alan' oedd 'i enw fo - gŵr ifanc - er 'd o'dd hi'm yn meddwl taw 'Alan' o'dd 'i enw iawn o. Canfod bod gynnyn nhw lawer iawn yn gyffredin - ddau'n licio Rice Krispies pan o'n nhw'n blant, tollti'r llefrith, rhoi eu clustiau ar y bowlen a gwrando ar y sŵn craclio. 'Mhen dim mi ddechreuodd Alan a hitha' rannu ffantasïau. Ei ffantasi o oedd cysgu efo dynes ganol oed; ei ffantasi hi o'dd mynd i'r gwely efo dyn cwbwl ddiarth. 'Pam lai?' medda fo. 'Mi anfona i lun.' 'Dim angen llun', atebodd hitha'. 'Dwi'm ishio dy weld di.' Mi na'th hi ei drystio fo'n syth bin. *(Saib)* Mi benderfynon nhw gyfarfod mewn gwesty - 'r un o'r ddau'n fodlon mynd i gartrefi'i gilydd. Hi gyrhaeddodd gynta'. Gadael y drws yn gilagored, eistedd ar erchwyn y gwely, a disgwyl. Mi ffoniodd, cadarnhau'r côd i ddwad mewn ac ar ôl gosod ei mwgwd, disgwyl am bum munud...hir. 'R oedd hi'n nerfus, yr annisgwyl yn codi ofn a chyffro ar yr un pryd. Gyrhaeddodd, a'i chusanu'n ysgafn ar ei gwddf - dyna sut o'dd hi'n gwbod yn bendant taw fo o'dd o. (*Arogli*) Oglau da arno. 'Chanel. Anteus'. A llais dwfn, melfedaidd. 'D odd 'na ddim mân siarad - 'm ond sibrwd ei enw yn ei chlust a syth i'r gwely.

Mae Os yn llowcio'i ddiod ac yn ail-lenwi ei wydr gyda llaw grynedig.

Mona: Am dair awr 'roedd ei chroen hi'n binna' mân wrth iddo'i charu'n ddi-stop.(*Saib*) Pan adawodd o, mi sibrydodd yn ei chlust eto a dweud ei bod hi'n 'ddynes hyfryd'. Rhywun yn dweud y gwir wrth sibrwd. A hyd heddiw, 'd oes ganddi mo'r syniad lleia' sut un ydy o.

Am eiliad, yn ddifeddwl, mae Mona'n troi i'r person cyntaf.

Mona: (*Yn gyffrous, chwerthin*) Alli di ddychmygu hynny, Os?! Fi, fi Mona Alaw Pritchard...?

Mae ei chwerthin yn raddol ostegu wrth i Mona sylweddoli ei bod braidd yn ansensitif wrth newid i'r person cyntaf. Er yn ddamweiniol, nid dyma'r adeg i hiwmor du. Mae'n dychwelyd i'r trydydd person.

Mona: 'R unig beth sy'n bwysig iddi hi ydy'r pleser, a'r atgofion.

Mae Mona'n teimlo twtsh o ryddhad, a mwynhad, o rannu ei phrofiad ond yn methu cuddio twtsh o embaras, a chywilydd.

Os: Ody hi dala i gyfarfod...'*Alan*'?

Mona: Rheolaidd. Bob tair wythnos.

Os: Ody hi'n ei garu e?

Mona: (*Ysgwyd ei phen*) 'D oedd hi'm yn dymuno - nac angen - bod mewn cariad. (*Yn llygaid Os*) A beth bynnag, mae hi'n amhosib caru dau ddyn 'r un pryd.

Mae clywed hyn yn rhywfaint o ryddhad i Os.

Mona: Mi a'th hi ar y wê i gyfarfod rhywun...ac i osgoi ei hunan. Un o'r '*functionally desperate*', ys gwedon nhw, yn gaeth i'w breuddwydion a'i ffantasïau. Gofyn am yr hyn o'dd hi ishio, heb wbod yn union be' o'dd hi ishio. (*Saib*) Wyt ti'n ei nabod hi?

Os: Nagw.

Mae Mona'n siomedig, cyn

Os: (*Ychwanegu)* Ond wy yn 'i hadnabod hi.

Golau i lawr yn araf ar y ddau. Clywir aria gan y ddifa (darn o 'Quando m'en vo' –'Musetta's waltz' - o 'La Boheme' gan Puccini) yn yr awel wrth i Os gamu'n araf oddi wrthi, yn mwytho'i glwyfau seicolegol. Ymdoddir o sain yr aria.

Golau i lawr ar yr ystafell fyw ac i fyny ar ystafell y seiciatrydd.

Mae Dr King wrthi'n gweithio'n brysur ar ei chyfrifiadur. Mae'n amlwg nad yw'n gwrando ar Os.

Os: (*Yn ffug fywiog, llifeiriol*) A 'na ble'r o'dd hi, y ferch berta'n y byd - llyged byw, gwên ddireidus, croen fel darn o sebon, coese' 'dat ei thin a pâr o fronne' perffeth, fel dou orenj mewn hances boced. Dim ond y llinell ore' i hon, medde fi 'tho'n hunan, felly dyma symud reit ati a gofyn, 'Hai! Ti'n lico moto-beics?' 'Ydw', medda hi. 'Wel, gwmri di hon, 'da?!' (*Mae'n cyfeirio at ei bidlen, chwerthin yn afreolus)* Hon-da!

Nid yw'r Dr yn ymateb i'r chwerthin.

Os: Odw i wedi gweud honna 'thot ti blaen ne'...?

Mae Dr King yn rhoi'r gorau i'w gwaith.

Dr: *(Ar draws*) Pam ti'n gneud hynna?

Os: Gneud beth?

Dr: Dechra' pob sgwrs efo jôc, llinell ddoniol.

Mae ei chwerthin yn araf beidio a'i feddwl yn dwysáu.

Os: Achos...achos wy'n gwbod taw...taw dirywio neith y sgwrs ar ôl hynny.

Mae Dr King yn codi gyda phwrpas ac yn gosod cadair ar ganol y llawr.

Dr: 'Stedda.

Os: Well 'da fi sefyll. Ma' ishte'n...

Dr: (*Yn uwch)* 'Stedda!

Mae Os yn tynnu hances o'i boced i lanhau'r gadair ond mae'r Dr yn ei dwyn oddi arno a'i thaflu.

Dr: Ma' hi'n lân, Oswald.

Os: (*Yn cywiro*) Na, ma' hi'n fudur! Ma' hi'n fudur! Ma' hi wedi egluro popeth 'tho i. Budur, budur!

Dr: *(Yn uchel*) Ti ddim yn cysgu, wyt ti?! Ti'n cau dy lygaid ond ti dal yn effro.

Os: Gormod o bethe'n mynd trwy'r meddwl.

Dr: Pa fath o betha', pa fath o betha' sy'n 'mynd trwy dy feddwl' di?!

Os: Pob math. Tu mewn man hyn (*pen)* - 'mywyd i dala'n gyfres o fflachiade, llunie, teimlo fel 'sen i'n boddi mewn pwll du o syniade.

Mae hi'n mynd tu ôl iddo a sibrwd yn ei glust, rhyw naws rhywiol yn perthyn iddi. Yn ystod y canlynol mae'r olygfa'n llithro'n araf i'r swreal yn nychymyg Os.

Dr: Ti'n cael breuddwydion, hunllefa'.

Os: Sut alla'i a finne'n ffaelu cysgu?!

Dr: Yn ystod y dydd, ti'n breuddwydio pan ti'n effro.

Os: 'Sda fi'm byd i'w neud, mae'r meddwl yn crwydro.

Dr: A ti'n gorfod byw fel ti'n breuddwydio, ar dy ben dy hunan.

Mae'r Dr yn dechrau ei amgylchynu, fel siarc o gwmpas ei hysglyfaeth.

Dr: Mae rhai'n credu bod breuddwydion yn arwydd o wneud dim, Oswald. Ond be' 'taswn i'n deud 'that ti 'i fod o'n rhywbeth positif...cynhyrchiol?

Os: Hynny'n amhosib.

Dr: (*Ei anwybyddu*) Mae breuddwydio'n ystod y dydd yn ffordd o ffantasïo, ffantasïo trwy'r dychymyg. (*Cyffwrdd â'i wallt*) A dychymyg yw sail celfyddyd - creu awduron, artistiaid.

Os: Well i mi ddechre' 'sgrifennu'n '*magnus opus*', 'te!

Dr: Ond ma' breuddwydion hefyd yn sail i anhapusrwydd. Rheswm wyt ti'n ffantasïo am rywbeth...ne' rywun...ydy bo ti ddim yn hapus efo be' sgin ti, efo bywyd fel ag y mae o. Yn y bôn, ti'n gweld, y rheswm ma' awduron ac artistiaid yn creu yw 'u bod nhw'n anhapus.

Os: (*Yn flin)* 'Wy ddim yn awdur nac yn artist!

Mae'r Dr yn dechrau ei anwesu ac agor botymau ei grys.

Dr: Ond mi'r wyt ti'n anhapus...'n twyt?

Os: (*Yn amddiffynol*) Wy mor hapus â phawb normal!

Dr: Ac ers pryd wyt ti'n 'normal', Oswald? Mm? Deud 'tha i, deud wrth Dr King ers pryd wyt ti'n 'normal', ers pryd wyt ti'n ddyn cyffredin?!

Os: (*Yn protestio*) Yn '*Variety Box*' Bywyd fi yw'r bocs '*Corn Flakes*'!

Mae hi'n ei stradlo, agor ei blows yn wyllt a gosod ei ben ar ei bronnau llawn.

Dr: Mi all breuddwydio, a ffantasïo droi syniada' anhapus yn rhywbeth creadigol.

Os: Doctor King?!

Dr: Yn arwydd o feddwl iach...iach, Oswald...yn ffordd o foddi'r hen iselder 'na. Wrth ffantasïo mae'r meddwl yn crwydro i diroedd diarth...tiroedd anturus...tiroedd per-yg-lus.

Mae'r Dr yn agor ei falog ac yn amlwg yn anwesu ei bidlen. Nid yw'n ceisio ei hatal.

Os: Beth...beth ti'n neud?!

Dr: Rhan o'r Gwasaneth Iechyd, Mr Pritchard.

Os: Wanco cleifion?!

Dr: Croeso i syrjeri Dr...Juan...King?! (*Chwerthin manic, afreolus*)

Os: Ooo...dim mwy, plîs...plîs, dim mwy!

Dr: Pwy sy'n hogyn mawr, e? Hon fel braich babi. Rho hi i mi, Os! Ffycin rho hi i mi!

Os: Ond 'd yw hi ddim yn nos Fercher gynta'r mish.

Bellach mae trowsus Os o gwmpas ei sodlau. Mae'r Dr yn gosod ei bidlen i mewn ynddi. Clywir synau priodol o bleser gan y ddau .

Dr: Oooo! 'Na hi! 'Na hi! Paid â stopio...paid â stopio! Gynt! Gynt! Ffwcia fi, Oswald! Ffwcia fi!

Mae'r caru yn un gorffwyll, anifeilaidd.

Os: Doctor...?! *(Gorfoledd)...'King hel....!*

Mae'r rhyw yn un afreal, fel mewn ffilm bornograffig, gyda'r synau priodol.

Dr: Ti 'di ca'l egni o'r newydd.

Os: Wnes i ddim dy fwyta di'n y Tsienis, Doctor King !

Dr: Gwyliau o realiti yw ffantasi, Oswald.

Os: King Prawn o'dd hwnnw!

Dr: A pan ma' rhywun ar 'i wylia', 'd oes dim byd gwell na bod yn ddrwg, ti'm yn meddwl? Ffwc-edig o ddrwg !

Os: Wy'n mynd i ddod...wy'n mynd i ddod !

Dr: Dim dros 'y mrestia' i...dim dros 'y mrestia' i !

Mae'r adlais o frawddeg Mona fel petai'n atal y rhuthr yn ei ben.

Os: Mona?!

Dr: (*Yn uchel, derfynol)* 'Dwi newydd gael bath!

Os: Mona?!

Yn sydyn mae'r Doctor yn tynnu ei hunan oddi ar Os ac yn sefyll o'i flaen. Mae Os gyda'i drowsus lawr.

Dr: (*Dan reolaeth*) Mr Pritchard! Be' 'dach chi'n feddwl 'dach chi'n neud?!

Os: (*Wedi ffwndro'n lân*) Beth?...Beth...?

Dr: 'Newch chi plîs wisgo'ch trowsus! Rwan!

Os: 'Trowsus' ?!

Mae Os yn rhuthro i godi ei drowsus, cau ei falog.

Dr: Sawl gwaith mae'n rhaid i mi ddeud 'thach chi?!

Os: 'Chi'? 'Chi', ddeudist di?

Dr: Allwch chi ddim cario 'mlaen i ymddwyn fel hyn!

Os: Ond...ond nid fi...nid fi ydy hwn!

Mae Dr King yn cefnu arno cyn camu i'r cysgodion.

Os: Doctor?!...Doctor?!...Doctor King?! (*Gwaedd ingol a la Stanley Kowalski*)

Golau i lawr ar ystafell y seiciatrydd, i fyny ar yr ystafell fyw. Mae Mona'n paratoi i fynd allan.

Mona: Oswald?

Os: (*Mwmblian yn ddryslyd wrtho'i hunan)* 'Ti' o'n ni'n galw'n gilydd. Nid 'chi'. 'Nethon ni gytuno, nethon ni o'r cychwyn cynta'. Shwt all rywun fynd i mewn i fan hyn (*pen*) tra ngalw i'n 'chi'? So fe'n bosib. So fe'n neud synnwyr, ddim yn neud synnwyr o gwbwl. 'Na beth gytunon ni. O'r cychwyn cynta'. 'Ti', nid 'chi' !

Mona: (*Ochenaid caredig*) Ti'n sgwrsio efo ti dy hun eto. (*Yn uwch)* Oswald?!

Mae Os fel petai'n araf dod allan o berlewyg.

Os: Mm? Beth?

Mona: Ti'n mwmblian dan dy wynt. Sgwrsio efo chdi dy hun.

Os: Odw i?

Mona: Wyt.

Os: (*Egluro*) Haws gwbod yr atebion pan ti'n gofyn y cwestiynne'.

Mae Mona'n edrych arno'n gydymdeimladol.

Os: Beth ddigwyddodd, Mona? Ble'r a'th y rhamant, y rhannu, y dala dwylo...y cwtshio, cusanu, caru...hafau twym, dawnso trwy'r nos, cysgu dan y sêr, partïo tan dorriad gwawr neu tan i'r plismyn gyrredd? Beth ddigwyddodd?

Nid yw Mona'n gallu ateb.

Os: Mae'r gorffennol yn newid mor amal, 'd yw rhywun ddim yn gwbod beth sy'n mynd i ddigwydd ddoe.

Mae eiliad o dawelwch ac agosatrwydd rhwng y ddau.

Mona: Fyddi di'n iawn dy hun?

Os: Wrth gwrs bydda i'n iawn 'yn hun! Beth ti'n feddwl odw i?!

Mae Mona'n gwybod ac yn ofni'r ateb.

Mona: Ffonia fi os t' isho fi - iawn?

Mae Os yn nodio i gadarnhau cyn i Mona droi i fynd.

Os: Mona?! (*Yn dyner*) Cymra ofal.

Mae Mona'n gwenu, gwerthfawrogi ei gonsyrn, a'i ddealltwriaeth.

Wrth i Os fynd i syllu trwy'r ffenestr fawr, ymdoddir i aria ('Die Entfuhrung aus dem Serail' gan Mozart) gan y ddifa.

Trwy'r ffenestr gwelwn Mona - yn gwisgo mwgwd - yn cael ei chlymu i bostyn gwely mewn gwesty sydd wedi gweld dyddiau gwell. Mae'r cyrtens wedi rhwygo a'r ffenestr fawr wedi cracio. Mae Mona ar ei chefn wrth i ddwylo dyn mewn mwgwd - amhosib i'w adnabod - ddechrau ei dadwisgo'n araf, dyner. Mae'n rhedeg ei fys dros ei hwyneb yn awgrymog rywiol - y talcen , y trwyn, y gwefusau. Mae Mona'n sugno'n awchus ar ei fys caru cyn i'w fysedd lithro lawr at ei bronnau, ei botwm bol, ac yna'i law i mewn i'w dillad isaf a dechrau mwytho rhwng ei choesau. Mae Mona'n glafoerio gan bleser cyn i'r dyn ddechrau ei tharo'n dyner ar ei bochau gyda chledar ei law. Mae Mona'n parhau i fwynhau, ei griddfan masocistaidd yn ei annog ymlaen. Gyda'r gorffwylledd yn cynyddu, cynyddu hefyd mae'r taro wrth i'r law daro'n galetach a chaletach nes peri tor-gwefus a gwaed. Mae Mona'n llyfu'r diferion gwaed yn awchus ond gyda'r taro'n cyflymu, gwaethygu hefyd mae'r poen. Mae ei hymateb yn dymuno i'r 'chwarae' beidio ond ofer yw ei chri wrth iddi sylweddoli na all amddiffyn ei hunan na dianc o'r sefyllfa. Yna, mae'r cledar llaw yn cau'n ddwrn ac o siot hirbell gwelwn Mona'n cael ei churo'n ddidrugaredd yn ei hwyneb. Mae'r taro'n peidio ac mae'r dyn yn cymryd pob eiddo o werth - bag llaw, watsh - cyn mynd at y drws a phoeri i'w chyfeiriad.

Wrth iddo gau'r drws, ceir siot olaf agos o'i law. Mae'n gwisgo modrwy briodas, un berffaith blaen.

Ymdoddir yn raddol o'r ffilm, daw'r aria i ben gydag Os bellach yn wylofain, yn ddyn wedi ei ddinistrio.

Mae'n gafael yng ngliniadur ac iPad Mona a'u malu'n deilchion.

Os: (*Cri angerddol*) Pwy wyt ti? Pwy? Wyt? Ti?!

Ei wraig? Y ddifa? Nid yw Os ei hunan yn siwr.

Golau i lawr yn araf ar yr ystafell fyw, ac i fyny'n araf ar y parc.

Mae Os yn mynd i eistedd ar y fainc. Am ennyd clywir y ddifa'n sisial canu'n dawel , fel petai ei llais yn y gwynt. Yn gwbl ddiegni, mae'n chwilio amdani gyda'i lygaid ond 'd yw hi ddim i'w gweld. Daw Mona ato.

Os: Wy'n dala i allu 'chlywed hi weithie, yn yr awel. Canu. I mi.

Mae Os yn edrych arni, gwenu.

Mona: Gerddi hyfryd 'ma.

Os: Lawnt, coed, afon...awyr. Allen i fyw yn man hyn. Unweth ma' rhywun yn dod i arfer 'da'r ogleuon a'r syne. (*Gwên*) Wedes i 'thot ti am 'yn ffrind newydd?

Mona: Naddo. Deud.

Os: Amlwg yn ddynes bert iawn ar un adeg. Croen da, fel tin babi. Bob dydd, wrth 'i bodd yn sefyll ar un goes ar genol y llawr, fel ciconia, fishi'n clymu a datglymu clyme'i gwallt, ei llyged yn gwibio i bobman ac yn giglo am ddim rheswm. 'Pan o'n i'n blentyn,' medde hi, 'mi roiodd fy rhieni beli o wahanol liwiau yn fy mhen. Pêl goch i chwerthin, glas i fod yn ddistaw, a gwyrdd i eista'n y gornel ac ychwanegu tri at bob dim. Ac weithia' mi fydda 'na bêl arian...' Ofynnes i beth o'dd arwyddocad honno ond 'r unig beth 'na'th hi o'dd syllu arno' i fel 'se 'da fi ddou ben, ei llyged yn farw, llawn poen. *(At Mona)* Ma' 'da fi ofan syllu i ddrych a gweld y poen yna yn 'yn llyged 'yn hunan.

Mae Mona'n amlwg yn rhannu ei boen.

Os: Shwt ma' dy fab? Beth yw 'i enw fe 'to?

Mona: Colin.

Os: Ia. Col-in. Goldffish.

Mona: Cofio atat. Fo a'i gariad.

Os: Dala i fyw yn Awstralia?

Mona: (*Ei atgoffa*) Llundain, Os. Fan'no mae o'n byw 'rioed. Gweithio'n banc.

Os: (*Dryswch*) Llunden? Banc? Ond...(*Saib)* Ody e'n dala i barco'i gar rownd cefen? Ti'n gwbod...'Ta fi sy' wedi...?

Mona: Mae o'n cyd-fyw efo merch hyfryd. 'Cara'.

Os: (*Fel petai'r enw'n canu cloch)* Cara?

Mona: Swydd dda gynni hi. Meicro-beiolojist.

Os: (*Wedi mwydro*) Reit...Wel, mor belled â'i fod e'n hapus, 'na beth sy'n bwysig.

Mona: *(Yn ysgafn)* A bod pob iogyrt yn ei le.

Saib. Mae Os fel petai'n colli ei hyder, ei goes yn dechrau ysgwyd yn gyflym i geisio cuddio'r panic mewnol.

Mona: Welish Peter a'i wraig ddoe. Siopa'n dre'. Y ferch hynaf yn ugain oed rwan, gadael coleg flwyddyn nesa'.

Os: '*Tempus fugit*'. Dala ddim yn deall pam sacodd e fi.

Mona: 'T o'dd o ddim yn dallt pam nest di adael. (*Gwên dyner*) Ond mae o'n dallt rwan. Ma' 'na ddesg a chadair wag yn dy ddisgwl di os benderfyni di fynd yn ôl...(*yn obeithiol*) pan benderfyni di.

Os: Os...pan...(*Gwên drist, yna*) O'dd 'na un gair yn amhosib i'w gyfieithu. 'Hiraeth'. 'Longing' ddim yn golygu cweit 'r un peth. Ond 's dim angen cyfieithiad, o's e? (*At Mona*) Hiraeth, Mona, yw cariad sy'n gwrthod oeri.

Mae eiliad dyner o ddealltwriaeth rhwng y ddau.

Os: Glywest di beth ddigwyddodd i Doctor King?

Mona: (*Ddim yn deall*) Pwy 'di o...hi?

Os: (*Cywiro*) Hi. Pwy yw 'hi'. 'Yr eos' o'n nhw'n 'i galw hi. Llais soprano melfededd 'da hi. Fel siocled. (*Yn tristáu*) Byw 'i hunan mewn tŷ bach teras. Rhyw fore, tân lawr grisie, hithe lan llofft, ffaelu cyrraedd drws ffrynt, fflame'n rhuthro fyny grisie', dechre' danso o gylch 'i thra'd hi, mwg du yn 'i thagu, mygu, 'r unig ffor' mas o'dd trw' ffenest fechan yn nho'r atig...a dim ond digon o le i un fynd trwyddi. (*Egluro*) 'Ro'dd hi'n feichiog. Wyth mis. (*Saib*) Marw'n y 'sbyty.

Mona: 'Dwi'n gwbod.

Os: (*Ddim yn deall*) Wyt ti?

Mona'n cadarnhau hynny trwy roi ei llaw ar ei law. Mae hwn yn gyffyrddiad anarferol yn eu perthynas ac yn un arwyddocaol i'r ddau. Mae Os yn edrych ar y dwylo a gosod ei law ar ei llaw, ei lygaid yn drist.

Os: Beth ddigwyddodd i'r babi, Mona?

Mona: Mae o'n ddyn yn ei oed a'i amser heddiw.

Os: Ody e'n ddyn da?

Mona: (*Yn dal dagrau'n ôl*) Yndi, Oswald. Mae o'n ddyn da. Y gora'.

Mae Os ychydig yn fwy hyderus a gobeithiol.

Mae Mona'n gwenu'n anghysurus arno cyn rhoi cusan ysgafn ar ei wefusau. Mae ei lygaid yn bywiogi.

Mae Mona'n cychwyn i fynd.

Os: Mona?

Mae hi'n stopio, troi i edrych arno.

Os: (*Yn obeithiol*) Odyn ni'n dou'n dala i syllu i'r un cyfeiriad?

Mae Mona'n cadarnhau hynny gyda gwên lydan cyn mynd gyda phendantrwydd yn ei chamau.

Golau i lawr ar y fainc. Golau i fyny ar yr ystafell gwely.

Yn ystod y canlynol mae Os yn tynnu ei holl ddillad a'u gosod yn dwt ar gadair cyn gwisgo gwn gwyn, plaen a mynd i'w wely.

Os: A fe a'th yn ôl i fyw 'i bywyd - hebdda i, ac eto 'da fi. Ddou o' ni'n byw ein bywyde'n ôl ein gallu, o fewn ffinie'r gorwelion o'n ni wedi eu derbyn gan...(*yn meddwl)*...Ffawd? (*Saib)* Wy dala ddim yn iawn. Berffeth iawn. Teimlade dala 'ma. Fel alcoholig yn crefu am wisgi neu anorecsig yn hiraethu am beido byta. A phan fydda i'n well, fydd 'na ddim bandie' pres, dim prosesiwn trwy'r pentref, dim tân gwyllt ond mi fydd 'na eiliade, wedyn munude, wedyn orie, wedyn dyddie, wedyn wythnose, wedyn misho'dd pan fydda i'n galler codi o 'ngwely ac ymdopi - rheoli petha' - cystal ag y galla i. (*Saib)* Came bach; came mowr. '*One small step for Man, one giant step for a nutcase.*' (*Gwên)* Wy'n bwriadu neud beth wy ishie'i neud. 'Neud llun clown ar bapur toiled, canu caneuon Mary Hopkin yn y gawod, crafu 'nhin yng nghanol Debenhams...neu wneud dim - dim - trwy'r dydd. Darganfod 'yn hunan hunanol, pathetig, oriog, blin...hyderus, ofnus, nerfus, hapus...trist, morbid, cas, aflonydd...cerdded ar wye', byw ar binne'...yn ymgorfforiad o'r ddynolieth. (*Gwên*) A thrwy'r cyfan, treial cadw'n *gall.* (*Saib*) Y fi, yw y fi, yw y fi. Wy yn ddyn da.

Saib.

Os: 'Sa i'n gwbod pryd, ond fe ddaw Efe yn ôl 'to - fy hen gyfaill. (*Gyda hyder a phendatrwydd)* A phan ddaw e, mi fydda i - Oswald Pritchard - yn barod.

Clywir y ddifa'n canu aria ('Un bel di Vedremo' o 'Madam Butterfly' gan Puccini).

Mae Os yn edrych yn syth yn ei flaen fel petai'n syllu i wacter cyn dechrau gwenu fel cymeriad Robert de Niro ar ddiwedd y ffilm 'Once Upon A Time In America'.

Daw'r aria i uchafbwynt .

Diffoddir y golau'n sydyn.

DIWEDD Y DDRAMA